Aprendizagem e desenvolvimento
de pessoas

Central de Qualidade — FGV Management
ouvidoria@fgv.br

SÉRIE GESTÃO DE PESSOAS

Aprendizagem e desenvolvimento de pessoas

Paulette Albéris Alves de Melo
Alexandre Vinicius da Silva Pereira
Anderson Henrique Rodrigues de Oliveira
Beatrice Boechat d'Elia

Copyright © 2016 Paulette Albéris Alves de Melo, Alexandre Vinicius da Silva Pereira, Anderson Henrique Rodrigues de Oliveira, Beatrice Boechat D'Elia

Direitos desta edição reservados à
EDITORA FGV
Rua Jornalista Orlando Dantas, 37
22231-010 — Rio de Janeiro, RJ — Brasil
Tels.: 0800-021-7777 — 21-3799-4427
Fax: 21-3799-4430
editora@fgv.br — pedidoseditora@fgv.br
www.fgv.br/editora

Impresso no Brasil / Printed in Brazil

Todos os direitos reservados. A reprodução não autorizada desta publicação, no todo ou em parte, constitui violação do copyright (Lei nº 9.610/98).

Os conceitos emitidos neste livro são de inteira responsabilidade dos autores.

1ª edição — 2016

Preparação de originais: Sandra Frank
Editoração eletrônica: FA Studio
Revisão: João Sette e Camara
Capa: aspecto:design
Ilustração de capa: Felipe A. de Souza

Ficha catalográfica elaborada pela
Biblioteca Mario Henrique Simonsen/FGV

Aprendizagem e desenvolvimento de pessoas / Paulette Albéris Alves de Melo...[et al.]. — Rio de Janeiro : Editora FGV, 2015.
168 p. — (Gestão de pessoas)

Em colaboração com: Alexandre Vinicius da Silva Pereira, Anderson Henrique Rodrigues de Oliveira, Beatrice Boechat D'Elia.

Publicações FGV Management.
Inclui bibliografia.
ISBN: 978-85-225-1795-4

1. Aprendizagem organizacional. 2. Desenvolvimento organizacional. 3. Planejamento empresarial. I. Melo, Paulette Albéris Alves de. II. Pereira, Alexandre Vinicius da Silva. III. Oliveira, Anderson Henrique Rodrigues de. IV. D'Elia, Beatrice Boechat. V. Fundação Getulio Vargas. VI. FGV Management. VII. Série.

CDD — 658.3

*Aos nossos alunos e aos nossos colegas docentes,
que nos levam a pensar e repensar nossas práticas.*

Sumário

Apresentação 11

Introdução 15

1 | História do processo de aprendizagem nas organizações: do treinamento à aprendizagem 19
Do paradigma industrial ao paradigma do conhecimento 20
Do treinamento à aprendizagem 28
Da andragogia ao ciclo de desenvolvimento de competências 34
O modelo de organização de aprendizagem 42
Importância estratégica do desenvolvimento de pessoas 47
Considerações finais 49

2 | O ciclo de aprendizagem nas organizações 51
Desafios à aprendizagem nas organizações 52

Formulação de estratégias   56

Alinhamento entre a gestão por competências e as estratégias do negócio   58

Modelagem de programas: objetivos e planos de ação   62

Implementação dos programas, avaliação e análise de resultados   63

Da estratégia à execução: o caso Embratec   69

Considerações finais   82

3 | **Metodologia e estratégias em educação corporativa   85**

Tipos de metodologias e estratégias de ensino   86

Critérios de seleção de metodologias: análise de custo/benefício   101

Formação de multiplicadores de conhecimento   105

Ambientes de aprendizagem colaborativa e informal por meio da tecnologia   108

Considerações finais   114

4 | **Educação corporativa   117**

Educação corporativa e gestão do conhecimento   118

Alinhamento entre a estratégia e a educação corporativa   124

Objetivos da educação corporativa   126

Estágios do desenvolvimento da educação corporativa   130

Construindo a universidade corporativa   136

Considerações finais   142

Conclusão   145

Referências   149

Os autores   163

Apresentação

Este livro compõe as Publicações FGV Management, programa de educação continuada da Fundação Getulio Vargas (FGV).

A FGV é uma instituição de direito privado, com mais de meio século de existência, gerando conhecimento por meio da pesquisa, transmitindo informações e formando habilidades por meio da educação, prestando assistência técnica às organizações e contribuindo para um Brasil sustentável e competitivo no cenário internacional.

A estrutura acadêmica da FGV é composta por nove escolas e institutos, a saber: Escola Brasileira de Administração Pública e de Empresas (Ebape), dirigida pelo professor Flavio Carvalho de Vasconcelos; Escola de Administração de Empresas de São Paulo (Eaesp), dirigida pelo professor Luiz Artur Ledur Brito; Escola de Pós-Graduação em Economia (EPGE), dirigida pelo professor Rubens Penha Cysne; Centro de Pesquisa e Documentação de História Contemporânea do Brasil (Cpdoc), dirigido pelo professor Celso Castro; Escola de Direito de São Paulo (Direito GV), dirigida pelo professor Oscar Vilhena Vieira; Escola de Direito do Rio de Janeiro (Direito Rio), dirigida pelo professor Joaquim

Falcão; Escola de Economia de São Paulo (Eesp), dirigida pelo professor Yoshiaki Nakano; Instituto Brasileiro de Economia (Ibre), dirigido pelo professor Luiz Guilherme Schymura de Oliveira; e Escola de Matemática Aplicada (Emap), dirigida pela professora Maria Izabel Tavares Gramacho. São diversas unidades com a marca FGV, trabalhando com a mesma filosofia: gerar e disseminar o conhecimento pelo país.

Dentro de suas áreas específicas de conhecimento, cada escola é responsável pela criação e elaboração dos cursos oferecidos pelo Instituto de Desenvolvimento Educacional (IDE), criado em 2003, com o objetivo de coordenar e gerenciar uma rede de distribuição única para os produtos e serviços educacionais produzidos pela FGV, por meio de suas escolas. Dirigido pelo professor Rubens Mario Alberto Wachholz, o IDE conta com a Direção de Gestão Acadêmica pela professora Maria Alice da Justa Lemos, com a Direção da Rede Management pelo professor Silvio Roberto Badenes de Gouvea, com a Direção dos Cursos Corporativos pelo professor Luiz Ernesto Migliora, com a Direção dos Núcleos MGM Brasília, Rio de Janeiro e São Paulo pelo professor Paulo Mattos de Lemos, com a Direção das Soluções Educacionais pela professora Mary Kimiko Magalhães Guimarães Murashima e com a Direção dos Serviços Compartilhados pelo professor Gerson Lachtermacher. O IDE engloba o programa FGV Management e sua rede conveniada, distribuída em todo o país e, por meio de seus programas, desenvolve soluções em educação presencial e a distância e em treinamento corporativo customizado, prestando apoio efetivo à rede FGV, de acordo com os padrões de excelência da instituição.

Este livro representa mais um esforço da FGV em socializar seu aprendizado e suas conquistas. Ele é escrito por professores do FGV Management, profissionais de reconhecida competência acadêmica e prática, o que torna possível atender às demandas do mercado, tendo como suporte sólida fundamentação teórica.

A FGV espera, com mais essa iniciativa, oferecer a estudantes, gestores, técnicos e a todos aqueles que têm internalizado o conceito de educação continuada, tão relevante na era do conhecimento na qual se vive, insumos que, agregados às suas práticas, possam contribuir para sua especialização, atualização e aperfeiçoamento.

Rubens Mario Alberto Wachholz
Diretor do Instituto de Desenvolvimento Educacional

Sylvia Constant Vergara
Coordenadora das Publicações FGV Management

Introdução

Vivemos, no século XXI, a sociedade do conhecimento. Todas as dimensões da vida humana têm sido impactadas pelo volume, velocidade e variedade das informações e conhecimentos produzidos pela razão humana e potencializados pelo progresso tecnológico. Entre os muitos impactos desse mundo globalizado da sociedade do conhecimento, encontramos mudanças significativas no ambiente de negócios. A produtividade depende cada vez mais da capacidade de aplicar as informações no cotidiano empresarial, transformando dados e informações em conhecimento, cuja construção já não é mais produto unilateral de seres humanos isolados, mas de uma vasta rede colaborativa cognitiva dispersa da qual participam educandos humanos e sistemas cognitivos artificiais.

O objetivo deste livro é refletir e contribuir para a construção do conhecimento, principalmente aquele gerado dentro da rede colaborativa chamada empresa. Está estruturado em quatro capítulos. O primeiro trata da trajetória da aprendizagem nas organizações. Nele é abordada a transição de um modelo industrial, calcado no treinamento, para o modelo de aprendizagem permanente, necessário para dar conta dos desafios da era do conhecimento. Um dos desafios reside na transformação das empresas em organizações de aprendizagem, e o outro desafio repousa sobre a especificidade da educação de adultos.

O segundo capítulo detalha o ciclo de aprendizagem nas organizações e o passo a passo para que tal ciclo derive diretamente do planejamento estratégico da empresa. Nesse processo, argumentamos sobre como as competências organizacionais definem as competências dos funcionários, fomentando projetos e programas de capacitação e desenvolvimento de pessoas alinhados aos objetivos e metas estratégicos da empresa. Nesse capítulo agradecemos à Embratec, empresa que compartilhou conosco como realiza e executa suas estratégias, por meio da capacitação de seus funcionários, melhorando progressivamente seus resultados.

O terceiro capítulo versa sobre a variedade de metodologias e estratégias em educação corporativa na contemporaneidade. A multiplicidade de tipologias existentes, das mais tradicionais às mais avançadas, é detalhada de forma conceitual. Tratamos também da formação de multiplicadores e descrevemos um modelo de perfil do multiplicador eficaz. Por fim, descrevemos critérios para avaliação do custo e do benefício da escolha de um conjunto de ferramentas e metodologias, fechando o capítulo com ênfase na importância do ambiente colaborativo para uma capacitação mais eficaz.

O quarto capítulo foca o conceito de educação corporativa, relacionando-o à gestão do conhecimento. O texto frisa a necessidade da aderência da educação ou universidade corporativa à estratégia organizacional, elenca princípios para a implementação de uma universidade corporativa eficaz, bem como enumera e explica seus elementos constituintes.

Ao final de cada capítulo, apresentamos considerações e questões para facilitar a assimilação do conteúdo para reflexão.

Objetivamos promover discussões capazes de desenvolver o livre pensar e a inovação, o que não poderia ser mais oportuno, principalmente tratando-se de tema tão instigante quanto o da capacitação e desenvolvimento de pessoas.

1
História do processo de aprendizagem nas organizações: do treinamento à aprendizagem

No presente capítulo, você verá como as mudanças no ambiente corporativo, ocorridas durante as ultimas décadas, tiveram impacto no processo de capacitação e desenvolvimento de pessoas. Vamos avaliar como o processo de ensino/aprendizagem acontecia na era industrial e, por meio de uma breve jornada histórica, pontuaremos como chegamos até a era do conhecimento. Nessa trajetória, veremos que fatores mais influenciaram a transformação dos processos de aprendizagem. Trataremos das particularidades da aprendizagem de adultos – denominada *andragogia* –, de como estão inseridas nos modelos de aprendizagem organizacional, e como podem ser melhoradas. Além de histórico, o presente capítulo define as bases sobre as quais os demais serão construídos.

Exaustivamente citado no mundo organizacional, um tema percorre todo este livro: a mudança. Mudança é a palavra que permeia a história humana e recheia os livros de administração, em especial os que tratam da gestão de pessoas, principalmente os mais atuais. Mas de quais mudanças estamos falando? E quais relações elas têm com o aprendizado e o desenvolvimento humanos? A seguir, descreveremos como surgiram novas formas de compreender as organizações, como a sociedade migrou da era industrial para a era do conhecimento, e como uma nova visão de educação ganhou espaço.

Convidamos você para uma breve viagem no tempo, resgatando conceitos que evoluíram conforme a sociedade se desenvolveu e, consequentemente, transformou a forma de capacitar pessoas. Desejamos que seja uma agradável jornada, como o foi, para nós, descrevê-la. Vamos a ela?

Do paradigma industrial ao paradigma do conhecimento

Na Inglaterra do século XVIII, teve início o processo conhecido como Revolução Industrial, que viria a transformar a sociedade, a forma de produção e, principalmente, o significado que as pessoas atribuíam ao trabalho em suas vidas. Com a paulatina substituição do modelo artesanal de produção pelo modelo de fábricas, era preciso organizar métodos e processos. Foi nesse contexto que surgiram as teorias da escola clássica e da administração científica, com destaque para nomes como os de Frederick Taylor, Henri Fayol, Henry Ford, entre outros.

Segundo Maximiano (2005), embora essas teorias tenham pontos diferentes, elas se complementam, uma vez que têm em comum (a) a preocupação com a produtividade a partir da racionalidade na produção; (b) a divisão do trabalho; e (c) a separação entre aqueles que pensam e os que executam as tarefas. Taylor (1911), por exemplo, tecia uma clara separação entre concepção e execução: para ele, "pensar" e "fazer" deveriam ocorrer em locais diferentes da empresa. Pensar e planejar a concepção do trabalho era tarefa exclusiva de engenheiros e administradores.

A essa altura você, leitor, deve estar se perguntando: mas o que isso tem a ver com capacitação e desenvolvimento de pessoas? Já se passaram tantos séculos...

É justamente este o ponto: séculos se passaram valorizando a visão do trabalhador sendo meramente um executor de tarefas, um "apertador de parafusos".

Hoje, nas empresas, líderes e gestores criticam justamente tal comportamento passivo, reclamando da falta de criatividade, iniciativa e comprometimento de seus funcionários. Na era industrial, tais características seriam péssimos atributos de qualquer empregado. Obediência, padronização e cumprimento de horários eram as principais qualidades de um trabalhador. Segundo Braverman (1981), o taylorismo pôs fim de vez à relação entre trabalhador, concepção e produto, introduzindo mecanismos de controle sobre o processo de produção. O administrador deveria reunir o conhecimento que antes era do trabalhador e organizar o trabalho, reduzindo esse conhecimento a regras, leis e fórmulas, dissociando a compreensão do trabalho como um todo das especialidades inerentes a cada trabalhador.

Para comprovar essa visão, Frederick Taylor (1911) criticava veementemente formas de administrar que valorizavam a participação. Taylor era contra a iniciativa do trabalhador de sugerir ao gestor ideias que pudessem dar lucro à empresa, bem como atitudes, por parte do gestor, de recompensa ou gratificação ao trabalhador pelo esforço demonstrado. Taylor argumentava que, ao recompensar um subordinado por suas ideias ou atos, a empresa tornava-se dependente dele.

À primeira vista, podemos condenar tal afirmação, mas é preciso lembrar que aqueles eram outros tempos. As indústrias estavam carentes de organização, padronização, e a produtividade era muito baixa. Talvez o melhor exemplo das vantagens que a administração clássica trouxe seja a produção do modelo de carro Ford T. Segundo Maximiano (2005), inicialmente um carro demorava 12 horas e 30 minutos para ser montado. A partir do modelo desenvolvido por Henry Ford, seus carros passaram a ser construídos em 98 minutos. Além disso, vários processos produtivos foram desenvolvidos; máquinas e equipamentos, padronizados; custos, diminuídos. As empresas passaram a ter uma estrutura hierárquica definida, e a qualidade dos produtos aumentou consideravelmente.

Um dos fundamentos de Taylor que permeou todo o modo de produção industrial foi a definição do *best way*. Obviamente, isso teve consequência nas práticas e formas de treinamento da época. Taylor defendia, nesse princípio, que existia uma única e correta forma de executar as tarefas. Desse modo, métodos empíricos e improvisados foram substituídos por métodos científicos e testados. Era função da empresa pesquisar, avaliar e definir como cada trabalhador executaria suas atividades. O treinamento, então, era passado de maneira autoritária, sem margem para discussão. Era reproduzido o modelo das escolas da época, no qual o professor era detentor do conhecimento e os alunos tinham de aprender exatamente o que era ensinado. No caso das empresas, geralmente o supervisor ensinava as tarefas aos subordinados. O empregado, em suma, era alguém a ser devidamente adestrado para produzir a maior quantidade de produtos no menor espaço de tempo. Esta foi a célebre equação legada por Taylor: a da eficiência. E hoje, caro leitor?

Hoje vivemos em um novo paradigma. Mas o que isso significa? Paradigma é um termo cuja origem está na palavra grega *parádeigma*, que significa modelo, padrão. Corresponde ao *mindset* assumido como verdade e algo que vai servir de modelo ou exemplo a ser seguido em determinada situação. Nesse sentido, podemos afirmar que, no paradigma industrial, o ser humano é encarado como uma peça de toda a engrenagem organizacional: ele está inserido num contexto em que a produção em massa é o centro de tudo, e policiamento e controle são a tônica da relação entre patrão e empregado.

Autores como Vergara (2013) e Pacheco e colaboradores (2009) sinalizam que a partir da década de 1980 surgiu um novo conjunto de visões, crenças e premissas acerca do mundo e do ser humano, substituindo lentamente o modo de pensar e agir do paradigma industrial. Os autores sinalizam que esse novo paradigma surgiu a partir dos seguintes aspectos:

❏ avanço tecnológico – nas últimas décadas, a humanidade evoluiu tecnologicamente em uma velocidade espantosa. Funções e tarefas que antes demandavam várias pessoas, hoje são automatizadas. Podemos citar como exemplo o setor bancário. Antes era preciso ir a uma agência entrar na fila do caixa para sacar dinheiro. A compensação era manual, e o funcionário que trabalhava no caixa anotava em uma caderneta o valor retirado. Não à toa, a caderneta de poupança recebe esse nome. Hoje temos caixas eletrônicos em qualquer shopping center e até mesmo em postos de combustíveis;

❏ aumento da competitividade – com a abertura do mercado brasileiro e a crescente globalização, novos competidores passaram a disputar o mercado consumidor. Os produtos e serviços se tornaram mais numerosos e melhores. Com o aumento da oferta, os consumidores tornaram-se mais exigentes, e as organizações precisaram e precisam criar diferenciais competitivos. É aqui, caro leitor, que reside a importância do conhecimento: não existe vantagem competitiva sem a constante criação e recriação do conhecimento, e não existe conhecimento sem o investimento da organização na aprendizagem e no desenvolvimento consistente de pessoas. É por isso que a era em que vivemos denomina-se era do conhecimento: hoje a pessoa ou a empresa que vence é aquela que consegue transmutar dados e informações em produtos e serviços de alto valor agregado. Quem conhece pode criar, transformar, inovar e, assim, manter-se à frente da concorrência;

❏ passagem da previsibilidade e estabilidade para a imprevisibilidade e instabilidade – constantes crises econômicas,

abertura de mercados, inovações tecnológicas e consumidores mais exigentes forçaram as empresas a se adaptar às constantes transformações. As mudanças ocorrem em seus produtos, serviços, processos, estrutura organizacional e forma de planejar seu futuro;
- ❑ movimento de cooperação – as empresas procuram parcerias com clientes, fornecedores e até mesmo concorrentes para fazer frente às mudanças do mercado. Com parcerias e alianças estratégicas, torna-se mais complexo enxergar nitidamente as fronteiras das organizações;
- ❑ valorização do potencial humano – diferentemente do que ocorria na era industrial, em que o individuo era um simples apêndice das máquinas, o trabalhador passou a ter papel de destaque. As tarefas mecânicas e repetitivas foram cedendo lugar a atividades e responsabilidades que exigem criatividade, comprometimento, iniciativa, trabalho em equipe e tantas outras competências atitudinais ou comportamentais não valorizadas no ambiente fabril e que hoje fazem toda a diferença nos resultados organizacionais. Embora saibamos que existem empresas e segmentos nos quais os trabalhos ainda seguem preponderantemente o modelo da era industrial, há uma tendência de serem substituídos por modelos que valorizem o potencial humano. Diz-se que, no paradigma do conhecimento, há uma valorização do capital intelectual e não mais, apenas, do capital financeiro: as empresas passaram a perceber que seu patrimônio não está restrito às suas finanças e ao seu patrimônio físico. Stewart (1998) explica que fatores como imagem no mercado, processos bem definidos, produtos inovadores, conhecimento armazenado e utilizado, bem como potencial dos empregados passam a compor o patrimônio de uma organização. Um claro exemplo disso são empresas como Google, Facebook

e Microsoft. Seu valor de mercado ultrapassa em muito seu patrimônio físico;
- enxugamento das estruturas organizacionais – as empresas passaram por processos de reengenharia e *downsizing* (enxugamento), visando melhorar sua competitividade. Isso se tornou necessário uma vez que as estruturas inchadas e mal aproveitadas dos tempos de pouca competitividade e de consumidores conformados não manteriam a empresa viva.

Diante de uma mudança tão grande em termos do que se valoriza, não é coerente supormos que as empresas querem um novo perfil de funcionários para lidar com os desafios da era do conhecimento? Claro! O trabalhador altamente valorizado hoje não é aquela mão de obra limitada por um alto nível de especialização, mas o empreendedor multifuncional. A velocidade das mudanças de processos e tecnologias, aliada ao enxugamento no número de funcionário, fez com que aquele trabalhador que estava preso a uma única tarefa ou forma de trabalhar fosse aos poucos substituído por alguém que se adaptasse mais rapidamente às necessidades e que pudesse colaborar em várias atividades da empresa.

Há também uma mudança de expectativa em relação ao papel das pessoas. Se o trabalhador não é mais aquele que somente executa tarefas detalhadas em sua descrição de cargo, nesse novo paradigma a expectativa é de que ele colabore com a empresa, perceba como adicionar valor aos processos, tenha uma visão sistêmica e comprometa-se com os resultados. Pelo menos isso é o que as empresas procuram, mas nem sempre acham. Uma cultura moldada e cristalizada durante séculos, na qual o trabalhador ideal é aquele que apenas obedece, demora a ser modificada.

Para ajudar sua compreensão, leitor, listamos no quadro 1 alguns dos principais pontos de divergência entre os paradigmas industrial e do conhecimento.

Quadro 1
COMPARATIVO ENTRE O PARADIGMA INDUSTRIAL E
O PARADIGMA DO CONHECIMENTO

Paradigma industrial (Era industrial)	Paradigma do conhecimento (Era do conhecimento)
Mundo estável, de poucas mudanças (previsibilidade/estabilidade).	Mundo complexo, de mudanças rápidas, velozes e constantes (imprevisibilidade).
A *quantidade* de produtos *iguais* produzida no menor espaço de tempo é o que vale.	A *qualidade* dos produtos é que é o foco, e a *customização* dos produtos é perseguida.
Mão de obra especializada.	Profissional empreendedor e *multifuncional*.
Capital financeiro.	Capital intelectual.
Organograma com muitos níveis hierárquicos.	Organograma achatado (poucos níveis hierárquicos).
Policiamento e controle.	Parceria e compromisso.
Só o topo da empresa deve conhecer as estratégias e metas. Só o topo sabe para onde a empresa caminha.	Todo o pessoal-chave conhece as estratégias e metas. Todos sabem para onde a empresa caminha.
Os gerentes são a cabeça e planejam. Os trabalhadores são os corpos e apenas executam.	Todos têm cabeça e corpo, que devem ser integrados.
O dinheiro é o motivador máximo das pessoas.	Motivação é decorrente de necessidades/desejos dos funcionários em várias dimensões.

Fonte: Boog (1994).

As mudanças resultantes da passagem do paradigma industrial para o paradigma do conhecimento são fundamentais para entendermos como o processo de treinamento evoluiu para processos de aprendizagem permanente.

Com o desenvolvimento tecnológico e o grande aumento no ritmo de produção, percebeu-se a importância de uma "peça" que até então não tinha muito valor: o homem. Notou-se que não adiantava aperfeiçoar as máquinas se os trabalhadores não se dedicassem. Segundo Pereira (2009), essa foi a constatação da escola das relações humanas, cujo principal autor, Elton Mayo, era professor e diretor de pesquisas da Escola de Administração de Empresas de Harvard. Em sua pesquisa na fábrica da Western Electric Company, situada em Chicago, no bairro Hawthorne, entre 1927 e 1932, Mayo identificou que havia toda uma organização não formal no trabalho baseada nas relações interpessoais. Essa organização poderia ser usada para aumentar a produção, desde que fossem oferecidas condições para a satisfação das necessidades de estima e autorrealização no trabalho.

Segundo Lacombe (2009), para Mayo a produtividade é vista como função do grau de satisfação do trabalhador. Surge então o conceito de homem social, visto como um ser complexo, possuidor de necessidades e sentimentos. Por exemplo: um trabalhador que fosse muito mais rápido do que seus colegas seria tratado com sarcasmo. Conclui-se que o comportamento do indivíduo se apoia no comportamento do grupo, que, por sua vez, estabelece métodos para manter o respeito por suas atitudes. Para esse autor, é a capacidade social do trabalhador que estabelece seu nível de competência e de eficiência, e não sua capacidade de executar corretamente os movimentos dentro de um tempo predeterminado.

Segundo Maximiano (2005), a partir da década de 1940, foram criadas teorias sobre liderança e motivação, procurando entender o homem e descobrir como fazer para que ele produzisse mais e melhor. A partir dessas teorias, eram estabelecidos programas de treinamento comportamental, algo antes ignorado nas empresas. Nesse novo contexto, as práticas de treinamento começaram a mudar: em vez de adequar o trabalhador à máquina, passaram a ser abordados temas como comprometimento, grupos, satisfação, liderança e motivação.

Com o passar dos anos, novas teoria administrativas surgiram: teoria dos sistemas e teoria contingencial. A empresa, que antes era analisada como sistema fechado, passou a ser observada em suas interações com o ambiente em seu entorno. Confirmando essa nova visão que a teoria dos sistemas trouxe ao meio empresarial, passa a ser necessário, para o sucesso de uma organização, adaptar-se adequadamente às demandas do ambiente.

A teoria contingencial defende que as características das organizações dependem das características do ambiente em que estão inseridas. Nesse sentido, o ambiente molda as organizações. O treinamento, além de preparar o trabalhador para suas atividades, passa a ter o objetivo de criar uma visão sistêmica do trabalho.

Segundo Masieiro e Oliveira (2011), Alfred Chandler, um dos autores da escola contingencial da administração, relacionou as estratégias utilizadas e a estrutura organizacional adotada por empresas norte-americanas. Concluiu que, na história industrial, a estrutura organizacional das grandes empresas americanas foi sendo gradualmente determinada pela sua estratégia de mercado. Os autores definem estrutura organizacional como a forma que a empresa assume para integrar seus recursos, enquanto a estratégia corresponde ao plano global de alocação dos recursos para atender a uma demanda do ambiente. A conclusão é que diferentes ambientes levam as empresas a adotar diferentes estratégias, que exigem diferentes estruturas organizacionais. As estruturas rígidas e autocráticas da era industrial foram, aos poucos, sendo substituídas por estruturas flexíveis e enxutas.

Do treinamento à aprendizagem

Embora estejamos em um processo de mudanças no que diz respeito à qualificação profissional, na atualidade podem coexistir, dentro de uma mesma organização, características dos dois paradigmas: o do treinamento e o da capacitação. A seguir explicaremos as características desses dois modos de pensar, ressaltando que, embora ainda muito utilizado, o paradigma de treinamento já não dá mais conta dos desafios empresariais do presente.

Se você, caro leitor, fizer uma pesquisa em bibliotecas e buscar livros amarelados pelo tempo, encontrará definições de "treinamento" bem diferentes das utilizadas hoje em dia. Antigamente, alguns especialistas definiam treinamento como um meio para adequar as pessoas aos cargos que ocupavam ou ocupariam.

Boog (1994) define treinamento como educação capaz de adaptar o homem a certa atuação sistemática, por exemplo, a operação de determinados controles em uma máquina, que deveriam ser acionados de acordo com padrões de frequência. A visão era a de que a empresa evoluiria se os cargos fossem preenchidos por pessoas com mais preparo. O setor de treinamento mantinha uma postura reativa, equacionando soluções para os problemas no sistema produtivo.

Pesquisando a palavra "treinar", encontramos os seguintes significados no dicionário Michaelis (www.uol.com.br/michaelis): "acostumar, adestrar ou submeter a treino". Durante a era industrial, conforme vimos, o processo de formação profissional nas empresas era esse: acostumar o trabalhador à sua função. O foco era adestrar, sendo o trabalhador ensinado a manter um padrão de conduta que deveria ser seguido à risca para que tudo ocorresse da forma que havia sido planejado. Tal formato vigorou dos anos 1950 aos 1980, consequência da necessidade de profissionalização interna e da pouca visão da competitividade empresarial, segundo Pacheco e colaboradores (2009).

Com falta de uma visão sistêmica e aprendizado restrito ao conteúdo técnico do cargo, o treinamento geralmente é pontual, e espera-se dele um resultado instantâneo, de modo que o retorno do treinamento deve vir em curtíssimo prazo (Baumgartner, 2001). Por muito tempo, a forma de encarar o capital canalizado para treinamentos era não a de um investimento, mas de um custo, quase um mal necessário: as empresas não conseguiam perceber muitas vantagens na ação de treinar, pois os resultados desses treinamentos eram difusos, entretanto a falta deles poderia trazer prejuízos.

Outra característica do paradigma de treinamento é que o aprendiz é um sujeito passivo em seu processo de autodesenvolvimento. Modalidades de treinamento, como a exposição ou a palestra, reproduzem o modelo escolar antigo, no qual o professor é o detentor do saber e o aluno deve ser submisso e acatar as orientações do mestre.

O que devemos considerar com atenção, caro leitor, é a essência do paradigma de treinamento: ele é voltado (e eficaz) especificamente para o aspecto técnico-operacional, porque tem uma concepção mecanicista. Não lhe parece difícil pensar em "treinar" pessoas em liderança ou em criatividade, competências muito mais comportamentais do que técnicas? Imagine você colocar 50 pessoas em uma sala, dar um treinamento em liderança e esperar que, depois de um *workshop* de dois dias sobre o tema, seus funcionários saiam dali líderes prontos... Sua expectativa certamente será frustrada.

Foi a partir dos anos 1990 que o paradigma do treinamento, altamente eficaz para os propósitos da era industrial, passou a não mais atender às exigências oriundas das mudanças em nossa sociedade, pois não estava formando profissionais que gerassem resultados. O trabalho deixa progressivamente de ser o conjunto de simples tarefas associadas a um cargo e se torna um prolongamento direto das competências que o indivíduo mobiliza para atuar em um ambiente profissional cada vez mais mutável e complexo.

No paradigma do conhecimento, o conceito de competências ganha destaque, direcionando os programas de capacitação e toda a área de gestão de pessoas. Apesar de abordado em outros livros, nunca é demais relembrar o conceito de competências, dada a sua importância também para este livro. Segundo Fleury e Fleury (2001:186), o conceito de competência que emerge a partir dos trabalhos de Zarafian (1999) pode ser definido como "competência é a inteligência prática para situações que se apoiam sobre os conhecimentos adquiridos e os transformam com tanto mais força quanto mais aumenta a complexidade das situações". Considerados pioneiros nos estudo sobre competências, Prahalad e Hamel (1990) definem que as competências podem ser divididas em pertencentes à organização (competências organizacionais e essenciais) e pertencentes ao indivíduo.

Os autores estabeleceram o conceito de *core competences* (competências essenciais), diferenciando-as das competências organizacionais. Segundo Prahalad e Hamel, competências organizacionais são aquelas necessárias para o desenvolvimento das atividades dentro das empresas, enquanto competências essenciais são as capazes de diferenciar uma organização perante a concorrência e o mercado, uma vez que são difíceis de serem imitadas e promovem vantagem competitiva. É possível identificar as competências essenciais de uma empresa por meio dos seguintes critérios: oferecer reais benefícios aos consumidores, ser difícil de imitar, e prover acesso a diferentes mercados.

Durand (2000) afirma que, se antigamente os alquimistas procuravam a fórmula para transformar metais em ouro, hoje gestores e empresas procuram transformar recursos e ativos em lucro. O autor chama de competência essa nova forma de alquimia necessária às organizações.

Com a mudança do foco em tarefas para competências, não apenas o paradigma da aprendizagem vem ganhando força, mas também o termo treinamento vem sendo substituído por capacitação. Segundo o Núcleo de Estudos sobre Trabalho e Educação (2000:45), capacitação é definida como o "ato ou efeito de habilitar; de tornar uma pessoa capaz, possuidora de faculdades, potencial e habilidades para estar em estado de compreender e desenvolver uma determinada atividade".

Embora neste livro adotemos o termo *capacitação*, na literatura diversos autores continuam usando o termo *treinamento*. Este último tem definições mais adequadas ao paradigma do conhecimento, como a de Hanashiro, Teixeira e Zaccarelli (2008:262), que o conceituam como

> o aprimoramento do desempenho do funcionário para que possa aumentar a produtividade dos recursos – físicos, financeiros, informações, sistemas etc. – colocados à disposição dele para realizar o seu trabalho. É a preparação para levar uma pessoa a ser capaz de fazer algo que nunca fez antes, mas sem a assistência de quem a ensinou.

O conceito de capacitação pressupõe uma visão mais abrangente da educação e do ser humano – não tecnicista e mecanicista, como no treinamento. Na capacitação, busca-se tanto respeitar os princípios da andragogia, que abordaremos em breve, quanto adotar uma variedade de metodologias de aprendizagem para tocar a razão e a emoção dos indivíduos. Essas metodologias serão abordadas em detalhe no capítulo 3.

Segundo Pacheco e colaboradores (2009), a periodicidade das ações de capacitação no paradigma da aprendizagem também é diferente: enquanto o treinamento é algo pontual, episódico, a capacitação é constante, ou seja, ela tem caráter de continuidade ou permanência na organização. Os temas tratados devem estar alinhados ao planejamento estratégico, uma vez que o foco das ações de capacitação é o desenvolvimento de competências necessárias ao conjunto da organização e à vida profissional dos indivíduos.

Percebe-se que desenvolver competências passou a ser uma jornada sem volta, pois a cada dia novas competências são diagnosticadas como necessárias para o sucesso da empresa, e cabe a ela desenvolvê-las em seus funcionários.

É importante frisar: programas de capacitação criam valor apenas quando as competências abordadas são transferidas para fora da sala de aula, aplicadas ao trabalho. A esse processo chamamos transferência do aprendizado (Jefferson, Pollock e Wick, 2011). Um dos maiores problemas nesse sentido é a questão da responsabilidade: o gestor da área acha que o setor de recursos humanos (RH) é o responsável pela capacitação, ao passo que o RH considera-se sem condições de acompanhar o que acontece no cotidiano. Vale notar que o papel de desenvolver pessoas não cabe mais exclusivamente ao setor de RH ou ao gestor. Essa tarefa não está mais presa a um departamento, sendo responsabilidade de todos os envolvidos: direção, gestores, colegas de trabalho e também do RH. Porém, o mais empenhado e envolvido no desenvolvimento das próprias competências, sem sombra de dúvida, deve ser o próprio empregado. Deve ser ele o sujeito mais ativo, interessado em seu autodesenvolvimento, em seu aprimoramento constante, uma vez que não estamos mais na era do emprego, mas na da empregabilidade.

Podemos afirmar que do desenvolvimento profissional fazem parte os programas de capacitação dos quais o indivíduo participa, assim como experiências de vida, leituras, cursos, e até decepções, pois tudo isso propicia oportunidades de amadurecimento e evolução. Desenvolvimento, portanto é um conceito mais amplo, que envolve toda a jornada de vida do indivíduo; não está relacionado ao número de cursos ou aos anos de experiência apenas, mas a como foram aproveitados esses cursos e o tempo de trabalho.

Podemos sintetizar as principais diferenças entre os paradigmas do treinamento e da capacitação no quadro 2.

Quadro 2
COMPARATIVO ENTRE OS CONCEITOS DE TREINAMENTO E CAPACITAÇÃO

Paradigma do treinamento	Fator de comparação	Paradigma da aprendizagem do século XXI
Prédio.	Local.	Aprendizagem disponível sempre que solicitada, em qualquer lugar, a qualquer hora.
Atualizar qualificações técnicas. Adequar o trabalhador aos métodos e procedimentos preestabelecidos pela empresa.	Conteúdo ou objetivo.	Desenvolver competências básicas do ambiente de negócios.
Aprender ouvindo.	Metodologia.	Aprender agindo.
Funcionários internos.	Público-alvo.	Equipes de funcionários, clientes, fornecedores de produtos.
Professores/consultores de universidades externas.	Corpo docente.	Gerentes seniores internos e um consórcio de professores universitários e consultores.
Evento único.	Frequência.	Processo contínuo de aprendizagem.
Desenvolver o estoque de qualificações técnicas do indivíduo.	Meta.	Solucionar problemas empresariais reais e melhorar o desempenho no trabalho.
Setor de recursos humanos.	Responsabilidade.	Recursos humanos e demais departamentos, principalmente gestores. Também o próprio funcionário.

Fonte: Meister (1999:22).

Da andragogia ao ciclo de desenvolvimento das competências

Acompanhando as mudanças descritas nas páginas anteriores, alguns conceitos ganharam destaque, em especial "andragogia" e "competências". Segundo Cunha (1982), a palavra de origem grega andragogia deriva da junção das palavras *andros* (homem) + *agein* (conduzir) + *logos* (tratado, ciência). Portanto, andragogia refere-se à ciência da educação de adultos. Note que pedagogia deriva das palavras *paidós* (criança) + *agein* (conduzir) + *logos* (tratado ou ciência), referindo-se, assim, à educação de crianças. Portanto, a forma como um adulto aprende não é a mesma que uma criança. Para melhor estruturar ações de capacitação e desenvolvimento em uma empresa, é fundamental conhecermos os princípios da andragogia.

Unindo as contribuições de Knowles (1980) e Freire (1993), podemos considerar que a andragogia baseia-se em seis princípios fundamentais:

- necessidade – os adultos precisam saber o porquê de aprender algo: a necessidade de aprendizado tem de ter justificativas. O conteúdo da capacitação tem de ter aplicabilidade ou pertinência no dia a dia laboral da pessoa. Esse é um dos pontos que geram comprometimento do indivíduo com as ações educacionais;
- autoconhecimento – os adultos precisam ter a sensação de independência e de serem aprendizes ao mesmo tempo. Pelo fato de serem responsáveis pela sua vida, têm dificuldade em que outros lhes digam o que fazer. O adulto sabe quais são suas carências, "lacunas" ou *gaps* de formação, suas dificuldades e facilidades, de modo que o conceito que tem de si próprio influi diretamente em seu processo de aprendizagem;
- experiências – referem-se à bagagem de vida que trazemos e que, obviamente, influi em nossa predisposição para aprender. Os adultos utilizam suas vivências (tanto de sucesso quanto de fracasso) para compor a base de seu aprendizado. Esse fato pode ajudar quando a experiência traz situações do cotidiano que sirvam de base para o aprendizado ou até mesmo justifiquem sua importância. O outro lado da moeda é que também pode gerar preconceitos, resistências e hábitos mentais que dificultam a aprendizagem;

- prontidão para aprender – os adultos estão prontos para aprender as coisas que precisam saber para enfrentar as situações da vida real. Não carecem esperar a formação do cérebro;
- orientação para a aprendizagem – o adulto direciona sua aprendizagem para sua vida, na resolução de problemas de seu cotidiano. Isso significa que a aprendizagem tem de ter significado para o seu dia a dia, e não apenas futuras aplicações;
- motivação – é o motivo para a ação. Os adultos têm maior propensão ao aprendizado quando este está relacionado a seus próprios fatores motivacionais, como maior satisfação no trabalho, aumento da probabilidade de ser promovido, aumento de seu salário ou de sua empregabilidade, autoestima, qualidade de vida, entre outros. Ao contrário da criança, que na maioria das vezes quer aprender para agradar o professor ou os pais, fatores externos têm menor impacto na motivação que inspira o adulto a aprender.

Resumindo os princípios, o indivíduo só irá absorver as informações e inseri-las em seu repertório de conhecimentos quando ele formatar uma representação positiva daquilo que está sendo ensinado; ele precisa sentir que está ganhando algo prático e real. Deve sentir que está aprendendo porque escolheu, e não por ter sido obrigado. Aprenderá relacionando o conteúdo com suas experiências de vida, e o aprendizado só fará sentido para ele se conseguir enxergar como utilizá-lo em situações e problemas presentes e futuros. Muitas ações de aprendizagem nas empresas se tornam enfadonhas ou distantes da realidade do funcionário, não contando com seu engajamento, porque não levam em consideração os princípios da andragogia em seu planejamento. Esta é uma das causas do desperdício de recursos financeiros das empresas em capacitação e desenvolvimento: não contando com o comprometimento genuíno dos funcionários, as ações de capacitação e desenvolvimento (C&D) tornam-se sem sentido e, portanto, ineficientes.

Considerado o pai da andragogia no Brasil, Paulo Freire dizia: "[...] ninguém educa ninguém, nem ninguém aprende sozinho, nós homens aprendemos através do mundo" (Freire, 1987:79), e "[...] ensinar não é transferir conhecimento, mas criar as possibilidades para a sua produção ou a sua construção" (Freire, 1993:27). Para o autor, formar é muito mais do que treinar o educando em destrezas. Devemos tirar o foco de conteúdos específicos e direcionar nossa ação para o despertar de uma nova forma de relação com a experiência vivida. O ato educativo deve ser sempre um ato de recriação, de ressignificação da realidade. Para que o profissional chegue a ser sujeito e agente de mudança no modelo vigente, deverá desenvolver o processo da ação/reflexão sobre sua realidade concreta, de forma permanente, ao longo de toda a sua vida. Quanto mais refletir sobre sua realidade subjetiva, mais se torna consciente e, portanto, capaz de intervir na realidade objetiva e, dessa forma, transformá-la.

Outro autor referência em andragogia, Knowles (1980), apresenta conceitos semelhantes aos que acabamos de apresentar. Para ele, quanto maior o nível de amadurecimento pessoal, mais os sujeitos tornam-se responsáveis por suas decisões, passam a direcionar seus interesses – no que diz respeito à aprendizagem, influenciada pelo acúmulo de experiências que auxiliam e fundamentam o processo de aquisição de conhecimento – e, consequentemente, suas vidas. O foco do indivíduo passa a ser o desenvolvimento de habilidades que ampliem sua capacidade no desempenho do papel social e profissional. O indivíduo espera uma imediata aplicação prática do que aprendeu, não se interessando por conhecimentos que não tenham aplicabilidade.

Considerando esse cenário no desenvolvimento de metodologias de ensino que sejam efetivas na aprendizagem para adultos, foi desenvolvida a estratégia de problematização. Utilizada em cursos de graduação e pós graduação, a técnica busca o desenvolvimento a partir da problematização dos homens em suas relações com o mundo, fundamentada por uma relação entre educador e educando, possibilitando que aprendam juntos.

Outra forma cada vez mais presente de encarar o processo de desenvolvimento das pessoas nas organizações é o modelo 10-20-70, desenvolvido por Jennings e Wargnie (2011). Segundo eles, o aprendizado formal é responsável por apenas 10% do que aprendemos, tanto de forma presencial quanto à distância. Outros 20% do aprendizado ocorrem quando o aprendiz solicita auxílio, seja para seus colegas de trabalho em outros departamentos, seja para colegas em outras empresas, ou em fóruns de discussão e redes sociais. Os 70% restantes do aprendizado ocorrem a partir da experiência própria, colocando em prática aquilo que aprendeu ou sendo desafiado a se desenvolver, saindo da sua zona de conforto. O modelo 10-20-70 é utilizado por empresas como Coca-Cola, Microsoft, Lego, Nike, American Express, Sony Ericsson, Nokia, Bayer e, provavelmente, muitos leitores deste livro poderão acrescentar à lista o nome das empresas em que trabalham.

Ainda estudando como adultos aprendem, David Kolb (1984) analisou os diferentes estilos de aprendizagem individual no contexto organizacional. Criou o modelo de aprendizagem experiencial, segundo o qual a aprendizagem ocorre em duas dimensões: percepção e processamento. A percepção percorre um eixo que vai do abstrato ao concreto, sentir ou pensar, enquanto o processamento vai da reflexão à ação, observar ou fazer. A partir desses eixos, Kolb identificou quatro estilos de aprendizagem e, geralmente, cada pessoa tem predomínio de um estilo. Se você, caro leitor, quiser saber seu estilo, encontrará facilmente em *sites* de busca na internet o "inventário de estilos de aprendizagem" (*learning style inventory – LSI*), com questões para determinar seu estilo e explicações mais detalhadas sobre cada perfil. Basicamente, podemos resumir assim os quatro tipos:

- tipo 1 – *divergente*: é a combinação de sentir com observar. A pergunta característica desse tipo é: "por quê?". Pessoas com predomínio desse tipo procuram relação do conteúdo aprendido com suas experiências, seus interesses e com sua carreira futura. São capazes de analisar as situações por diferentes pontos de vista e buscar soluções analisando o ambiente;
- tipo 2 – *assimilador*: combinação de observar e pensar. A pergunta característica desse tipo é: "o quê?". Quem possui o estilo assimilador como predominante prioriza uma organização de forma lógica e reflexiva. São indivíduos hábeis para criar modelos abstratos e teóricos, mas pouco preocupados com o uso prático dessas teorias;
- tipo 3 – *convergente*: combinação de pensar e fazer. A pergunta característica deste tipo de aprendizagem é: "como?". Indivíduos com predomínio desse tipo preferem trabalhar ativamente em tarefas bem definidas, e aprendem por ensaio e erro. Gostam de aprender por meio de um guia prático e de ter *feedback* constante. São hábeis para definir problemas e tomar decisões;
- tipo 4 – *acomodador*: interação entre sentir e fazer. A pergunta característica desse estilo é: "e se...?". Esse tipo de estilo de aprendizagem é caracterizado por pessoas que costumam lidar melhor com teorias e ideias do que com relacionamentos interpessoais e sociais. Geralmente têm foco em resultados e facilidade de adaptação às circunstâncias inesperadas.

Revisamos dois autores que contribuíram para entendermos melhor o aprendizado de adultos, sobretudo no âmbito profissional. A andragogia, ao explicar e facilitar a forma como adultos adquirirem conhecimentos, torna-se uma ferramenta para aprimorar e desenvolver a capacidade de sucesso do funcionário, hoje associada ao termo competência. Inicialmente utilizado na área jurídica, o termo competência passou a designar, no início do século XX, a capacidade de um indivíduo desempenhar com eficiência um determinado papel na organização. Passou a ser também usado como adjetivo para descrever pessoas associadas a um desempenho superior. No Brasil, o termo competência é conhecido desde os anos 1970, e é entendido como capacidade e agilidade de julgamento e de resolução de problemas.

Embora esteja um pouco desgastado, o conceito de competência mais difundido hoje é o que a considera um tripé e envolve conhecimentos, habilidades e atitudes que uma pessoa tem e que justificam um alto desempenho. Dutra (2002) faz ressalva a esse conceito, lembrando que o fato de as pessoas terem conhecimentos, habilidades e atitudes só traz benefícios para a empresa se esses funcionários efetivamente colocarem em prática essas competências. Reafirmamos que, embora seja a mais conhecida, tal definição de competências é incompleta. Segundo Zarifian (1999), competência é a inteligência prática para situações, apoiada sobre conhecimentos adquiridos, que são transformados proporcionalmente de acordo com a complexidade das situações.

Na mesma linha, segundo Fleury e Fleury (2001:188),

> competência é um saber agir responsável e reconhecido, que implica mobilizar, integrar, transferir conhecimentos, recursos, habilidades que adicionem valor econômico à organização e valor social ao indivíduo.

Podemos diferenciar dois tipos de competências:

❑ competências técnicas/profissionais – específicas para uma operação, ocupação ou tarefa, por exemplo, a operação de um equipamento ou um conhecimento sobre determinado programa;
❑ competências comportamentais – envolvem características do indivíduo que possibilitam demonstrar seu diferencial competitivo, com grande impacto em seus resultados. Podemos citar, como exemplo, criatividade, flexibilidade, foco em resultados e no cliente, organização, planejamento e liderança.

Ainda nessa perspectiva de realizar uma leitura um pouco mais crítica e contextualizada do conceito de competência, no singular, podemos afirmar que desenvolver pessoas é, principalmente, estimular o indivíduo a entender sua realidade e transformá-la em algo melhor, por meio de uma postura efetiva e proativa.

Também não adianta pensar em desenvolver competências como quem as escolhe em uma prateleira de supermercado. Embora a comparação pareça exagerada, é o que percebemos no mercado: empresas que procuram capacitações específicas, dando foco numa ou noutra competência em particular, buscando uma consultoria para tanto. Depois de algum tempo, procuram outra consultoria para desenvolver a mesma competência. Tais empresas esquecem-se de que o desenvolvimento é sistêmico, e as competências são interligadas. Existem, entretanto, empresas que investem em uma formação mais ampla, e tomamos como exemplo uma empresa que desenvolveu seus líderes com ações de responsabilidade social, reformando creches para crianças carentes, desenvolvendo liderança, trabalho em equipe, comprometimento e engajamento ao mesmo tempo.

Falamos de andragogia, aprofundamos o conceito de competência, e chegou o momento de tratarmos de como ela se desenvolve no ser humano adulto. É importante observarmos como o desenvolvimento de uma competência possui um ciclo bem definido.

Dutra (2002) define o ciclo de desenvolvimento de competências em quatro fases: inicia-se com a identificação das competências por meio de atribuições e responsabilidades; passa-se à segunda fase, na qual se avalia o nível de desenvolvimento em que se encontra o indivíduo em relação à competência analisada; no terceiro momento, estabelecem-se ações e responsabilidades de desenvolvimento a serem seguidas e, por fim, propõe-se um portfólio de atividades de desenvolvimento que pode ser composto tanto por ações formais quanto informais.

O modelo de organização de aprendizagem

Estamos, neste primeiro capítulo, revisando a evolução das organizações partindo dos parâmetros da era industrial. Qual seria o ápice dessa evolução? Pelo menos até agora, na era do conhecimento, podemos considerar como mais adaptadas ao ambiente globalizado as organizações capazes de constante aprendizado, rápidas reações ao ambiente, e que se desenvolvem à medida que seus funcionários adquirem novas competências. A expressão *learning organization*, ou organizações de aprendizagem, descreve esse tipo de empresa. O termo foi popularizado na década de 1990 por Peter Senge, para quem

> organizações de aprendizagem são locais onde as pessoas expandem continuamente sua capacidade de criar os resultados que realmente desejam, espaços em que surgem novos e elevados padrões de raciocínio, nos quais a aspiração coletiva é liberada e as pessoas aprendem continuamente a aprender em grupo [Senge, 1990:11].

Uma das marcas das organizações de aprendizagem é o reconhecimento explícito de que o conhecimento tem valor econômico. O conhecimento que torna a empresa capaz de competir vai além daquele contido nos produtos: ele está presente tanto nas decisões quanto nas atividades mais cotidianas. Vários autores criaram modelos para medir o capital intelectual ou intangível das empresas que, conciliado com seu ativo tangível, patrimônio e finanças, compõe seu valor de mercado. Um desafio atual para muitas empresas é buscar ativamente formas de medir e desenvolver seus ativos intangíveis, ou seja, seu capital intelectual.

Refletindo sobre o trabalho de pesquisadores como Kaplan e Norton (1997), criadores do *balanced scorecard* (BSC), Sveiby (1998), criador do radar da capital intelectual e Edvinsson e Malone (1998), autores que desenvolveram o modelo Skandia, concluímos que o capital intelectual é composto por:

❑ pessoas – todas as capacidades, competências e experiências individuais dos empregados;
❑ capacidade da organização – potencialização das competências e seu compartilhamento;
❑ estrutura –fatores que servem de apoio ao capital humano, capacidade organizacional.

Ainda segundo Senge (1990), outra característica das organizações de aprendizagem é a capacidade de desenvolver o *know-why* (saber o porquê), além do *know-how* (saber como).

No modelo que valorizava apenas o *know-how*, empresas premiavam funcionários que executavam com maestria suas atividades. Mas hoje isso não basta. O desafio da empresa que deseja se tornar uma organização de aprendizagem é a criação de empregados conscientes, que entendam os motivos por trás das ações realizadas no trabalho.

Tal mudança impacta a forma como as pessoas são ensinadas, contratadas e premiadas. Isso nos remete a outra particularidade das organizações de aprendizagem: estímulo à experimentação e aprendizado por meio da detecção e correção dos erros. As pessoas passam a se envolver com a melhoria contínua dos processos, estando atentas aos resultados e às formas de aprimorar seus trabalhos. Onde existe uma cultura autocrática, paternalista, impositiva, departamentalizada, onde impera o medo, a falta de abertura ao risco e ao erro, não existe uma organização de aprendizagem. Esta estimula que as pessoas façam, experimentem, errem e produzam novos conhecimentos.

Para atingir essa cultura de melhoria é preciso que os empregados tenham habilidade de compartilhar *insights*, experiências e informações. É preciso desenvolver a capacidade de questionar valores e mudar o comportamento, em um monitoramento permanente do mercado, clientes, concorrentes, processos e competências. Percebe-se que são organizações caracterizadas pela busca ativa de informações do ambiente em que se inserem. Para Peter Senge (1990), organização de aprendizagem é aquela que consegue utilizar a capacidade criativa de seus funcionários, além de ampliar a habilidade de articular conhecimentos conceituais sobre uma experiência concreta.

Ao analisar as origens das organizações de aprendizagem, Peter Senge (1990) escreveu que existem cinco disciplinas a serem desenvolvidas pelas empresas para que elas assim se configurem. Por disciplinas, devemos entender um conjunto de técnicas que devem ser estudadas, interpretadas e colocadas em prática. São elas:

❑ domínio pessoal – por meio dele esclarecemos e aprofundamos o conhecimento sobre nossos objetivos pessoais. Isso nos ajuda a concentrar nossa energia, desenvolver a paciência e estruturar os caminhos que deveremos seguir. Passa por dois momentos: esclarecer continuamente o que realmente é importante em nossa vida e trabalho, e aprender a enxergar com mais clareza a realidade do momento. Combinando esses dois fatores, podemos alcançar resultados incríveis. O domínio pessoal envolve ser uma pessoa cada vez melhor, tornar-se um craque naquilo que se faz;

- modelos mentais – são modelos que construímos inconscientemente para interpretar a realidade. São pressupostos profundamente arraigados, que determinam a forma de vermos o mundo e, consequentemente, definem nossa maneira de agir. Os modelos mentais incluem preconceitos, crenças, valores, atitudes e percepções. Muitas vezes, não estamos conscientes de nossos modelos mentais; por isso, Senge propõe que as empresas estimulem seus empregados a rever seus modelos mentais, olhar para dentro e procurar enxergar as coisas de maneira diferente, alterando sua percepção de mundo e quebrando paradigmas. A capacidade de quebrar paradigmas anda de mãos dadas com o aprender a aprender constante. O grande desafio é evitar os chamados "saltos de abstração", processo pelo qual as pessoas passam da observação de dados concretos para generalizações sem comprovações. Vários tipos de vieses e estereótipos se encaixam nesse processo: pessoas jovens são descomprometidas, mulheres são piores (ou melhores) líderes, funcionários só trabalham por dinheiro;
- visão compartilhada – consiste na reunião de pessoas em torno de uma identidade e um senso de destino comuns. A visão compartilhada é a visão coletiva da empresa, com foco no alinhamento das diferentes atividades: é o norte a ser seguido e perseguido. Dentro de uma organização, a pergunta que deve permanecer na cabeça das pessoas é: o que queremos construir juntos? A organização deve descobrir imagens de futuro a serem compartilhadas, que estimulem o envolvimento em vez da mera aceitação; as pessoas precisam "comprar" aquele horizonte para elas. É importante ressaltar

que objetivos comuns nascem de objetivos pessoais. Devemos encorajar as pessoas a buscarem seus objetivos, alinhados aos da organização. Um exemplo desse formato é o Google, que incentiva seus funcionários a desenvolverem projetos de interesse particular, que depois podem ser absorvidos pela empresa e transformados em produtos e serviços;

- aprendizagem em equipe – é preciso aprender a trabalhar e se desenvolver coletivamente. Senge (1990) argumenta que uma equipe formada por pessoas com QI 130, considerado alto pelas estatísticas, pode ter coletivamente um QI abaixo de 100. As disciplinas anteriores sozinhas não são suficientes, pois pessoas com domínio pessoal e metas compartilhadas podem não atingir seus objetivos se não souberem fazer com que a inteligência do grupo supere as inteligências individuais. Para desenvolver essa disciplina é necessário conciliar o diálogo e a discussão. Mas qual a diferença? Na discussão, as partes envolvidas querem provar seu ponto de vista, e o objetivo é convencer o outro. No diálogo, o objetivo é analisar uma questão segundo diferentes formas de pensar. E como conciliar os dois? Um exemplo é quando, a partir de uma discussão, surge interação entre as partes, resultando em uma alternativa diferente das levantadas no início;
- pensamento sistêmico – consiste na capacidade de identificar as várias conexões entre processos e acontecimentos, em vez de uma relação causa/efeito. Desenvolver o pensamento sistêmico é ter uma percepção do todo, da maneira como os eventos/coisas estão interconectados. Quando perguntado qual é a sua função, o porteiro de um colégio responde que é aumentar o número de matrículas. Você deve estar pensando que porteiro deve zelar pela segurança. Mas esse porteiro, em especial, tem visão sistêmica: sabe que a segurança, bem como sua simpatia e tratamento dispensado aos pais refletem diretamente na imagem do colégio e, consequentemente,

na atração de alunos. Ter pensamento sistêmico é procurar enxergar os diversos fios invisíveis que ligam setores da empresa, os processos e os resultados. Essa última disciplina é a que integra as outras quatro e, ao mesmo tempo, precisa delas para ser posta em prática. É vital que as cinco disciplinas se desenvolvam simultaneamente. O desafio vai além da prática de tais disciplinas: é perseguir o aprendizado eternamente, uma vez que nunca se chega ao fim.

O conceito de organizações de aprendizagem pressupõe que as organizações só aprendem por meio dos indivíduos. Afinal de contas, é o ser humano que possui a capacidade de aprender. Essa condição é necessária, mas não suficiente. É preciso não só incentivar o aprendizado individual e coletivo, como também armazenar, disseminar, utilizar e recriar conhecimentos. Surge desse desafio a importância da gestão do conhecimento, tema que será abordado no último capítulo deste livro.

Importância estratégica do desenvolvimento de pessoas

Conforme apresentamos nas páginas anteriores, as diversas mudanças ocorridas na sociedade e nos mercados nas últimas décadas, como globalização, mudanças tecnológicas e crises econômicas, promoveram significativas alterações na maneira de as empresas se organizarem e buscarem diferenciação. Organizações de variados segmentos perseguem hoje modelos de gestão que privilegiam a participação das pessoas, a descentralização, estruturas menos hierarquizadas e equipes mais integradas e com pensamento sistêmico. Mais do que um modismo ou fator de diferenciação, tais características passaram a estar diretamente relacionadas com a sobrevivência das empresas. Segundo Bitencourt (2010), a forma de gerenciar pessoas passou a ter um papel estratégico, principalmente no desenvolvimento de competências.

Entender o desenvolvimento de pessoas como estratégico envolve alinhar a forma de ampliar as capacidades individuais aos objetivos e caminhos traçados pela organização. É óbvio que tal alinhamento é impossível se a empresa não tiver seu planejamento estratégico. Quando falamos em ter planejamento estratégico, falamos em estruturar missão, visão, valores, objetivos e metas bem definidos para a empresa. Fundamental é que esses componentes do planejamento sejam realmente autênticos, e não criados apenas pelo departamento de marketing com palavras bonitas para enfeitar quadros de avisos espalhados pela empresa. Muitos de vocês já devem estar familiarizados com os termos de um planejamento, mas é sempre bom fazermos uma revisão, pois há muita confusão conceitual em relação às palavras missão, visão e valores. Jack Welch (2005:11) tem uma explicação adequada para isso. Ele diz que essas palavras estão entre as mais abstratas, exploradas e distorcidas no mundo dos negócios. As empresas reúnem seus executivos e dedicam grande tempo, geralmente na tentativa de produzir um quadro de aspecto nobre para pendurar em suas recepções. Quase sempre esses exercícios terminam em um conjunto de banalidades genéricas, que não significam nada e só servem para deixar seus empregados desorientados e descrentes.

A missão de uma empresa responde à seguinte questão: para que existimos? A declaração de missão da empresa deve refletir a razão de ser desta empresa, qual o seu propósito e o que a empresa faz. Missão é a identidade da empresa. Já a visão representa um estado futuro, o que a empresa deseja alcançar. Ao determinar a visão, definimos como queremos que a empresa seja vista e reconhecida, onde queremos colocá-la. Podemos definir valores como um conjunto de normas e princípios socioculturais aceitos ou mantidos por indivíduos, classe ou sociedade.

Quando falamos em valores organizacionais, estamos nos referindo ao que se deseja em termos de padrão de comportamento de toda a equipe na busca da excelência. Valores organizacionais têm sido estudados quase que exclusivamente a partir dos documentos oficiais, das políticas oficiais da empresa e do discurso de seus dirigentes. Entretanto, pode haver grande diferença entre esses valores e aqueles percebidos pela maioria dos empregados. Não bastam a definição e a divulgação formal dos valores; é necessário que eles sejam incorporados por meio da prática em atitudes diárias, tanto com o público interno quanto com o público externo.

O desenvolvimento de competências individuais ou funcionais alinhadas à estratégia da empresa deve servir como reforço a seus valores, gerando ou reforçando competências que lhe permitam chegar aos objetivos estipulados (visão), mantendo sua identidade (missão). É nesse contexto que a capacitação e o desenvolvimento assumem papel decisivo para que a empresa consiga criar e manter seus diferenciais competitivos. As empresas definem estratégias, mas dependem das pessoas para executá-las. Como Conaty e Charan (2010:47) escreveram: "É melhor gastar mais tempo com as pessoas, porque são elas que entregam os números, do que com os números, que não entregam pessoas".

Considerações finais

As empresas devem estabelecer suas metas, objetivos e definir planos de ações. A gestão de pessoas deve prover, orientar e desenvolver as competências necessárias para atingir tais resultados.

Você, leitor, deve estar pensando: "por qual motivo li tudo isso até agora?". Ora, para construir o futuro, devemos entender o passado e transformar o presente. Até agora, entendemos o passado, assim como o momento pelo qual as organizações passam. Esperamos que ao final deste primeiro capítulo você tenha percebido as origens das transformações ocorridas no modo como trabalhamos atualmente, ocasionando essa enorme necessidade de aprimoramento constante, e como a capacitação vem se transformando, tornando cada vez mais estratégico o ser humano no contexto das organizações.

Na sequência do livro, desafiaremos você, leitor, a transformar o presente de sua organização de modo a aumentar as chances de prosperidade futura. Vamos propor maneiras de colocar em prática as transformações desejadas e necessárias, no que diz respeito ao desenvolvimento das pessoas nas organizações.

A seguir, trazemos algumas questões para você testar seus conhecimentos e fixar alguns conceitos importantes:

1. Como o papel do trabalhador mudou nas organizações ao longo das ultimas décadas?
2. Quais os princípios da andragogia?
3. Quais as mudanças do paradigma industrial para o do conhecimento?
4. Qual a diferença entre os paradigmas do treinamento e da capacitação?

Agora, algumas questões para promover a reflexão:

1. Como será este capítulo, quando for reescrito, daqui a 20 anos? O que terá mudado?
2. Pense em seu cargo e em sua empresa. Como os assuntos tratados no texto estão ocorrendo?
3. Você está pronto para ter sucesso na era do conhecimento? Quais competências já tem desenvolvidas? Quais você precisa melhorar?
4. O que mudou no seu olhar, ao analisar seu ambiente de trabalho?
5. Como você classifica a empresa em que trabalha em relação aos paradigmas de treinamento e aprendizagem?

2

O ciclo de aprendizagem nas organizações

Neste capítulo, propomos, leitor, que reflita sobre o tema educação e, em especial, educação de adultos nas organizações, temas de absoluta relevância e de grande discussão na atualidade. Abordaremos o assunto revisitando questões sobre o porquê da educação de forma genérica, resgatando as bases dessa fundamental atividade humana, avaliando como a Unesco nos oferece as bases para discutirmos os critérios atuais de aprendizagem e, depois, como, de forma sistemática e específica, as organizações devem estruturar seus ciclos de aprendizagem.

Veremos também correlações entre o planejamento estratégico e as trilhas de aprendizagem e como, a partir da avaliação das competências essenciais, devem ser propostos os diferentes treinamentos, principalmente quais critérios podem ser usados na avaliação de um treinamento. Você observará conosco a distância existente entre o ideal e o real. Embora o assunto capacitação e desenvolvimento humano esteja em franca discussão e deva haver uma evolução nos conceitos de treinamento e desenvolvimento, a realidade é que, no Brasil, muitas empresas sequer estabelecem programas consistentes de treinamento e desenvolvimento. Como exceção a essa realidade, trouxemos o caso da Empresa Brasileira de Tecnologia e Administração de Convênios HOM Ltda. (Embratec), uma empresa nacional ícone em capacitação e desenvolvimento humano, e cuja execução da estratégia em gestão de pessoas pelo Departamento Humano e Organizacional (DHO) deriva diretamente do planejamento estratégico da empresa. Esse caso prático enriquecerá, acreditamos, em muito, a percepção do conteúdo deste capítulo. Vamos prosseguir em nossa jornada?

Desafios à aprendizagem nas organizações

As pessoas são o ativo estratégico das organizações no século XXI. Drucker (1997) já alertava que o conhecimento, moeda dessa nova era, não é impessoal como o dinheiro. Conhecimento não reside em um livro, em um banco de dados, em um software; estes contêm informações. O conhecimento está sempre incorporado por uma pessoa, é transportado por uma pessoa, é criado, ampliado ou aperfeiçoado por uma pessoa, é aplicado, ensinado e transmitido por uma pessoa e é usado, bem ou mal, por uma pessoa. Para ele, a sociedade do conhecimento coloca a pessoa no centro, e isso levanta desafios e questões a respeito de como prepará-la para atuar nesse novo contexto.

Uma inflação acadêmica varre o mundo do trabalho, pois um diploma passa a não significar necessariamente uma garantia de emprego. Para Drucker (1997:16),

> os principais grupos sociais da sociedade do conhecimento serão os trabalhadores do conhecimento, profissionais que sabem como alocar conhecimentos para usos produtivos. Pessoas capazes de incrementar a produtividade e gerar inovação. Esse é um trabalhador que aprende mais, melhor e muito mais rápido; para isso uma nova forma de educação deve surgir.

Sobre quais bases será construída essa nova educação? Onde ancorar a preparação desse profissional de hoje e do futuro? Acredito que você, leitor, questiona-se constantemente a respeito disso. O que aprender? Qual a estratégia suficiente para a necessária diferenciação? Como manter-se sempre atualizado? Quais iniciativas devem ser tomadas pelas organizações para apoiarem esse aprendizado? Sem a pretensão de esgotar o assunto, trataremos, neste capítulo, do ciclo do aprendizado nas organizações.

Antes de entrarmos no referido tema, vamos dar uma olhada no panorama geral da educação. Convidamos você a seguir conosco nesse pensar. Vamos lá?

Para Delors (2000:19), a educação é uma das chaves para desatar os grandes nós contemporâneos. Ele afirma que: "face aos múltiplos desafios do futuro, a educação surge como um trunfo indispensável à humanidade na construção dos ideais da paz, da liberdade e da justiça social". Para ele, só a educação conduzirá a um desenvolvimento humano mais harmonioso, mais autêntico, de modo a fazer recuar a pobreza, a exclusão social, as incompreensões, as opressões, e as guerras...

Com base nessa visão, a Unesco, por meio de sua Comissão Internacional sobre a Educação para o Século XXI, presidida pelo próprio Jacques Delors, estabelece os quatro pilares de um novo tipo de educação com enfoque em aprender a conhecer, aprender a fazer, aprender a viver junto e aprender a ser. Vale investirmos algum tempo nessa reflexão, pois as organizações, conforme vimos, terão de construir modelos diferenciados de educação, capazes de desenvolver trabalhadores do conhecimento.

Aprender a conhecer é um pilar que tem como pano de fundo o prazer de compreender, de conhecer e de descobrir. Aprender para conhecer supõe aprender a aprender, exercitando a atenção, a memória e o pensamento. Uma das tarefas mais importantes no processo educacional, hoje, é ensinar como chegar à informação. Esse processo parte do pressuposto de que é impossível estudar tudo, pois o conhecimento não cessa de progredir e de se acumular. Então, o mais importante é saber conhecer os meios para se chegar até ele. Do ponto de vista organizacional, o desafio consiste em oferecer aos empregados estrutura tecnológica capaz de facilitar o acesso às informações relevantes para a empresa, e também a possibilidade de aplicar toda essa informação, gerando conhecimento que, em última análise, formará as bases dos diferenciais da empresa.

Aprender a fazer significa que a educação não pode aceitar a imposição de opção entre a teoria e a prática, o saber e o fazer. A educação para o novo século tem a obrigação de associar a técnica à aplicação de conhecimentos teóricos. Essa aplicação de conhecimentos depende de uma predisposição interior, de um desejo de ser e realizar um trabalho relevante, que deixe um legado à sociedade. Tal trabalho evidencia um aspecto recentemente estudado: a espiritualidade no trabalho. Essa espiritualidade fica evidente, de acordo com Davel e Vergara (2012), por meio de ações que promovem a cidadania, a liberdade e a consciência ecológica, movimentos pela paz mundial e busca por justiça social, dentro e fora do trabalho.

Aprender a conviver é considerado o pilar mais importante do processo educativo desses novos tempos. Ele ressalta a interdependência do mundo moderno e a importância das relações. Cresce cada dia mais nas pessoas a percepção de que há uma interconexão universal que afeta a todos direta ou indiretamente. Estando todos interconectados em nosso passado, presente e futuro, devemos aprender a viver conjuntamente, desenvolvendo o conhecimento e o respeito em relação aos outros, seja em sua história, seja em suas tradições e cultura. Essa nova consciência é capaz de criar uma espiritualidade nas organizações.

Vários movimentos têm surgido e vários pesquisadores entendem que, ao lado de elementos intangíveis como a marca e a cultura da empresa, a espiritualidade de uma organização deve ser considerada quando da estimação de seu valor de mercado.

Essa percepção de nossas interdependências crescentes e uma análise partilhada dos riscos e desafios do futuro promovem a realização de projetos comuns numa gestão inteligente e apaziguadora de desigualdades e conflitos, partindo das organizações e capaz de transformar nosso futuro comum. E você, leitor? Compartilha da percepção da relevância desse tema?

Aprender a ser é um pilar que foi preconizado pelo relatório de Edgard Faure, preparado para a Unesco na década de 1970. O mundo atual exige de cada pessoa uma grande capacidade de autonomia e uma postura ética. Os atos e as responsabilidades pessoais interferem no destino coletivo. Esse pilar refere-se ao desenvolvimento dos talentos do ser humano: memória, raciocínio, imaginação, capacidades físicas, sentido estético e facilidade de comunicação com os outros. Confirma a necessidade de cada um conhecer e compreender-se melhor.

Ora, como vimos, para ser um ator efetivo na sociedade do conhecimento, cada indivíduo deve aprender a manejar sua riqueza de saberes, a ponto de gerar novos conhecimentos e a traduzir o conhecimento existente, visto que este demanda mentes questionadoras e imaginativas, que devem ser cultivadas por meio de uma educação adequada e com conteúdos pertinentes e consequentes.

O próprio conceito de sociedade do conhecimento baseia-se no crescente reconhecimento do papel que ocupam a aquisição, a criação, a assimilação e a disseminação do conhecimento em todas as áreas da sociedade. É necessário dizer que não é a quantidade de informações, nem a sofisticação em matemática, que pode oferecer sozinha uma base de conhecimento pertinente; é mais a capacidade de colocar o conhecimento no contexto (Morin, 2000b:12). Somente o exercício em situações reais dá sentido e valor ao conhecimento, e isso ocorre no trabalho. É necessário enfatizar que colaboradores excelentes são, em sua essência, mediadores. São pessoas que põem em contato informações com indivíduos, pessoas com informações, e seres humanos uns com os outros, a fim de preparar todos para as melhores decisões possíveis.

Formulação de estratégias

Ao formular estratégias de aprendizagem, a empresa objetiva capacitar seus empregados. A capacitação pode ser definida como a aquisição sistemática de conhecimentos, normas, conceitos ou atitudes que resultem em melhoria da produtividade, e tornam-se parte da aprendizagem e da mudança organizacional, mas também parte da avaliação profissional e do desenvolvimento da carreira. A educação e a capacitação podem ser consideradas, sem sombra de dúvida, como alguns dos principais processos voltados ao crescimento e ao avanço organizacional, capazes de comunicar novas visões, criar novos valores, aplicar novas ferramentas, além de aperfeiçoar as formas de realizar o trabalho (Lingham, Richley e Rezania, 2006).

Como vimos no capítulo 1, estratégia é uma palavra que pode ser entendida como a maneira por meio da qual as empresas se inserem em um determinado mercado, de modo a ganhar o espaço pretendido (Mintzberg e Quinn, 2001:20). A estratégia também pode ser vista como o padrão de decisões em uma empresa, que determina e revela seus objetivos, propósitos ou metas, produz as principais políticas e planos para a obtenção dessas metas, e define a escala de negócios em que a empresa deve se envolver, o tipo de organização econômica e não econômica que pretende proporcionar a seus acionistas, funcionários e comunidades.

Na visão de Porter (1996), estratégia é sinônimo de diferenciação. Do ponto de vista das competências, uma forma de classificar e identificar as competências organizacionais é separá-las entre básicas e essenciais. As chamadas competências básicas da organização são as capacidades necessárias, porém não suficientes, para que a organização esteja no mercado. Variam de organização para organização, mas não as diferenciam. Podem até ter sido essenciais no passado, mas não garantem a diferenciação presente, ou a diferenciação futura na vida da empresa.

As competências essenciais são um conjunto de habilidades que permitem à organização competir pelas suas capacidades, e não somente pelos produtos e serviços. Esse valor deve ser percebido pelo cliente, e deve dar à empresa uma capacidade de permanência e crescimento de mercado.

Fleury e Fleury (2001) correlacionam competências essenciais com tipos de estratégias empresariais que, simplificadamente, consideram três formas de competir no mercado:

❑ excelência operacional – a empresa oferece ao mercado a melhor relação qualidade/preço, e a função crítica é a de operações, incluindo toda a logística: suprimento, produção, distribuição e serviços;
❑ inovação em produtos – essas empresas criam novos conceitos, e a função-chave é pesquisa e desenvolvimento. O marketing também representa um papel importante para colocar o novo produto no mercado. Exemplos: novas tecnologias, como tecnologia da informação e telecomunicações;
❑ orientação para serviços – empresas voltadas para atender e antecipar necessidades de clientes específicos. A empresa é caracteristicamente ágil e flexível. Exemplo: manufatura ágil, como a indústria de embalagens com entrega *just-in-time*.

A fim de sistematizar e direcionar o ciclo do aprendizado, empresas que quiserem sobreviver e prosperar no século XXI devem identificar as competências que farão a diferença para o sucesso do negócio, ou seja, suas competências estratégicas. Essas competências, conhecidas como *core competences*, estarão fortemente correlacionadas aos objetivos estratégicos da empresa. Fleury e Fleury (2001) compararam o desempenho de várias organizações de diversos portes, e concluíram que a liderança nos negócios vem da definição de uma estratégia compatível com as competências essenciais, e não o inverso. Eles demonstraram como o reconhecimento das competências essenciais pode levar a organização a obter uma vantagem competitiva – termo celebrizado por Porter (1996). De acordo com Prahalad e Hamel (1990), a vantagem competitiva de uma organização origina-se no dimensionamento do portfólio de competências, e não no de produtos.

Se bem elaborado, o planejamento estratégico da organização vai gerar competências essenciais e dar visibilidade elas, principalmente por meio de *key performance indicators* (KPIs). Uma empresa como a Google, que tem entre suas competências essenciais a inovação, poderá fomentar essa capacidade por meio de um indicador que medirá e acompanhará os novos projetos e novos produtos lançados ano a ano. Uma empresa como a Embraer, que tem entre suas competências essenciais a eficiência operacional na montagem de aviões, poderá definir como indicador-chave entregar, a cada ano, mais unidades do que as do ano anterior, melhorando sua agilidade na construção de aeronaves. Esses KPIs traduzirão às pessoas e à organização, simultaneamente, competências que, ao mesmo tempo, garantem o sucesso da empresa e o crescimento das pessoas na organização. Para tanto, a empresa deverá implantar um modelo de gestão por competências.

Alinhamento entre a gestão por competências e as estratégias do negócio

A gestão por competências tem se consolidado como uma das práticas de gestão de pessoas mais efetivas. Essa prática define a transição da área de recursos humanos das organizações – de um patamar tático/operacional para um patamar estratégico. Esse modelo de gestão traz ainda mais dois benefícios de grande valor: é uma ferramenta poderosa para a gestão do conhecimento e, ao mesmo tempo, serve como referência para alinhar os esforços da aprendizagem organizacional.

Há uma correlação importante entre estratégia e competências. Depois de estabelecida pela alta administração, a estratégia é explícita na forma de uma visão de futuro para o negócio, que se desdobra em objetivos, diretrizes estratégicas e planos de ação prioritários. Entretanto, para assegurar a implementação efetiva da estratégia, é necessário que os profissionais que pertencem à equipe detenham algumas competências consideradas elementos-chave nesse processo. Quando uma organização cria meios para assegurar que os membros de sua equipe possuam as competências-chave para o negócio, é como se estivesse pavimentando o caminho para o sucesso.

Fleury e Fleury (2004), quando tratam do alinhamento entre estratégia e competências, ressaltam o papel relevante do RH e dos gestores, conforme citados no primeiro capítulo deste livro, no sentido de atrair, manter e desenvolver funcionários que possuam as competências necessárias à realização dos objetivos organizacionais. Fator crítico, portanto, é a identificação e a organização dessas competências, que passam a ser a principal referência para o direcionamento da gestão da educação corporativa, como veremos mais detalhadamente capítulo 4.

Os esforços de capacitação passam a ser orientados para o desenvolvimento e o fortalecimento das competências, provendo aos colaboradores e às equipes a musculatura necessária para a execução da estratégia. O diagnóstico do nível atual de aderência às competências na organização é também uma ferramenta preciosa para a educação corporativa (EC), pois oferece um mapa das atuais carências e forças da equipe, em termos de competências.

O modelo de gestão por competências, portanto, constitui um dos principais direcionadores para os esforços de capacitação e desenvolvimento na organização. A partir dele, os investimentos em EC passam a ser orientados para fortalecer a organização em uma de suas capacidades mais importantes: a de executar a estratégia.

Uma vez definidas as competências essenciais e as competências gerais de cada área, é feita a análise das competências que serão necessárias para a realização das tarefas ou objetivos. Esse processo é feito pela definição dos perfis de competências por área. Alguns instrumentos conhecidos para tais avaliações são: SWOT *analysis*, *focus groups*, inventários e entrevistas por área. Essas ferramentas objetivam garantir à empresa, e em especial à área de gestão de pessoas, um conjunto de competências necessárias que deverão ser desenvolvidas pelos indivíduos em cada departamento.

Definidos os perfis de competências por área, o próximo passo será o de inventariar o que efetivamente existe. A utilização de indicadores é fundamental, pois sistematiza e equaliza o processo. Após a avaliação das competências, compara-se o nível de proficiência existente e o nível ideal requerido, a fim de determinar a lacuna de competência. Esse *gap*, útil e informativo à organização, também fornece ao próprio funcionário um instrumento que lhe comunica de maneira clara o que é esperado dele em termos de conhecimento e de valor entregue, e em que sentido ele deve direcionar seus esforços de autodesenvolvimento.

Uma vez identificados os *gaps* de competências, o próximo passo será eliminação ou minimização daqueles que representam maior impacto nos objetivos estratégicos da organização. Uma pergunta interessante é: deve alguém que tem um *gap* expressivo numa competência essencial ser mantido na organização? Embora muitos gestores desejem livrar-se de funcionários com performance muito aquém do esperado, a resposta correta seria: depende.

Antes de se livrar do problema seria inteligente explorar um pouco as causas. Por exemplo: houve erro no processo de recrutamento e seleção? Normalmente sim, ou seja, a empresa recrutou alguém que não está alinhado sequer ao perfil de competências essenciais do negócio. Houve erro no processo de desenvolvimento do empregado? Sim, novamente. Todas as oportunidades de adaptação têm de ser dadas às pessoas. Isso foi feito? A infraestrutura necessária ao desenvolvimento das atividades do funcionário está presente? Qual a responsabilidade da liderança imediata nessa inadaptação? Há um velho ditado nos corredores das áreas de gestão de pessoas que diz: Por trás de um mau empregado existe, antes, um mau gestor. Resumindo: a responsabilidade pela incompetência de um funcionário é individual ou compartilhada? Sendo compartilhada, que tal compartilharmos as soluções? Somente depois de exaustivas tentativas de adaptação, e sendo impossível desenvolver um empregado dentro do esperado pela empresa, o mesmo deverá ser desligado.

Há várias organizações nas quais os empregados já atingiram um grau de maturidade profissional adequado, permitindo que o conceito de empregabilidade esteja difundido na cultura da organização, o que torna o desenvolvimento do funcionário uma responsabilidade por ele assumida e, ao mesmo tempo, compartilhada com a organização. Em empresas como essas, há uma simbiose, uma parceria na qual os papéis se alternam – o RH e gestor imediato passam a trabalhar em parceria com o empregado, que deverá ser protagonista do seu desenvolvimento. Interessante para o empregado e para a organização, esse modelo permite mais agilidade na obtenção de competências específicas em um cenário de mudanças.

Definidos os *gaps* de competências, o próximo passo é modelar programas para supri-los.

Modelagem de programas: objetivos e planos de ação

Prática comum entre os profissionais da área de gestão de pessoas nas organizações, anualmente os profissionais das áreas de educação, capacitação ou treinamento e desenvolvimento das grandes empresas reúnem-se para avaliar e implementar seus processos de levantamento de necessidade de treinamento.

Embora o conceito de treinamento e desenvolvimento tenha evoluído para um modelo de capacitação de pessoas, o instrumento mais utilizado e conhecido para apoiar o desenvolvimento de pessoas continua sendo o conhecido levantamento de necessidade de treinamento. O objetivo desse instrumento é o de sistematizar uma metodologia que permita elaborar ou dar prosseguimento a um projeto, além de interpretar e traduzir as estratégias do negócio, a fim de garantir a existência e a prontidão das competências que, em última análise, garantirão o cumprimento das metas. Outro objetivo é o de definir o orçamento e o montante das verbas que precisarão ser alocadas para capacitar e desenvolver as pessoas.

Outros instrumentos, caso a empresa os deseje, poderão ser utilizados como fontes de informação para a definição dos *gaps* de competências, como pesquisas de clima e cultura, entrevistas de desligamento, BSC e avaliações de cenários e de tendências.

A maioria dos programas de treinamento e desenvolvimento prevê a construção de uma trilha de desenvolvimento para o funcionário baseada nas lacunas de competências encontradas quando comparadas ao perfil ideal de competências para o cargo ou função. O objetivo, é claro, é o de adequá-lo o mais rapidamente possível à proficiência nas competências que lhe faltam, como também torná-lo aberto a novos conhecimentos, oxigenando a organização como um todo.

No capítulo 3 detalhamos melhor os programas de capacitação e desenvolvimento passíveis de aplicação nas organizações.

Implementação dos programas, avaliação e análise de resultados

Há uma intensa preocupação entre pesquisadores e profissionais sobre como avaliar um treinamento. Há um aumento crescente do volume de investimentos em treinamento pelas organizações e, sem dúvida, há a necessidade de medir sua eficácia.

Na avaliação ideal de um treinamento, devem ser colhidas informações sobre todo o processo, e deve ser atribuído valor ao treinamento, julgando o grau em que ele contribuiu para o desempenho dos indivíduos, grupos e organização. "A avaliação também funciona como realimentação do sistema de treinamento, identificando-se necessidades de aperfeiçoamento nos programas e apontando aspectos positivos" (Freitas 2000:45). Não bastassem tais fatos, há a necessidade de aumentar as competências dos empregados para alcançar os objetivos estratégicos da organização. Segundo esse autor, pressões por melhorias contínuas e adaptabilidade organizacional começam a enfatizar a presumível ligação entre os resultados da capacitação e a eficácia da organização.

Os processos de capacitação implementados pelas áreas de RH das organizações destacam-se diante da demanda por uma atualização contínua e um processo de formação permanente que resulte em profissionais ativos e autônomos, capazes de grandes mudanças nas atividades. Castro e Porto (2012:53), pela mesma perspectiva, destacam a relevância da capacitação para o conhecimento, o aprimoramento de competências, a reciclagem profissional e, de forma geral, a necessidade de atualização.

O impacto positivo dos processos de capacitação no aprimoramento do desempenho das organizações, e o reconhecimento dos gestores acerca desta realidade (Tennant, Boonkrong e Roberts, 2002) são indiscutíveis, principalmente quando há uma abordagem estratégica para o treinamento, vinculando-o aos objetivos da organização. Nesse sentido, a avaliação pode ser usada para demonstrar um alinhamento claro e confiável entre a efetividade do treinamento e os objetivos organizacionais estratégicos.

Lingham, Richley e Rezania (2006) informam sobre a importância da avaliação de programas de capacitação como elemento necessário e fundamental para as organizações, no sentido de alavancar a aprendizagem e assegurar a utilização eficiente dos recursos. Embora seja verdadeira essa visão, os próprios autores dizem que um dos aspectos mais negligenciados nos processos de treinamento e desenvolvimento é a fase de avaliação.

Os autores citados sugerem que a eficácia da capacitação deve se basear na possibilidade de o empregado aplicar os conhecimentos, habilidades e atitudes obtidos no âmbito da capacitação. Normalmente, a maioria dos métodos de avaliação se sustenta nas análises de custo/benefício ou em simples avaliações, tais como a apuração do nível de satisfação dos participantes.

Darby (2007) assevera que as avaliações de treinamentos originaram-se no meio empresarial, nos quais a otimização dos recursos para capacitação tem importância. Para o autor, a necessidade de avaliar treinamentos decorre de uma série de razões, entre as quais a necessidade de monitorar a eficácia do treinamento e a redução das insatisfações que exigiram seu desenvolvimento.

Lingham, Richley e Rezania (2006) afirmam que a avaliação de programas de treinamento deve envolver um processo que reúna as perspectivas organizacionais e de seus participantes, sendo desenvolvido caso a caso, respeitando-se a singularidade de cada programa de treinamento. Para esses autores, as avaliações de tais programas devem incluir não somente o processo de capacitação, como também o *feedback* dos participantes, em termos de conteúdo e aplicabilidade, sugerindo que um bom sistema de avaliação é um processo colaborativo – uma coprodução, envolvendo líderes organizacionais, instrutores, participantes e avaliadores.

Kirkpatrick (1994) ensina que avaliar significa medir:

❏ as mudanças de comportamento decorrentes de um programa de treinamento;
❏ a verificação dos resultados havidos em consequência do treinamento;
❏ os comentários produzidos pelos participantes ao final do programa de treinamento;
❏ as mudanças de atitude das pessoas depois do treinamento.

Nesse sentido, esse autor propõe um modelo de avaliação em quatro níveis, incluindo a avaliação da reação dos participantes, da aprendizagem, do comportamento e do resultado. McCoy e Hargie (2001) afirmam não há nenhum modelo de avaliação completo e adequado para todas as situações. Cada modelo tem pontos fortes e fracos. Para eles, há a necessidade de uma compreensão melhor da natureza da avaliação e de sua finalidade, bem como dos aspectos considerados relevantes pela organização e pelos participantes do programa de treinamento.

Apresentamos, a seguir, as ferramentas mais utilizadas nos programas de avaliação de treinamentos.

O *Kirkpatrick's model*, também conhecido como *four-level evaluation model*, inclui a avaliação da reação dos participantes, da aprendizagem, do comportamento e do resultado. As medidas de reação dizem respeito à satisfação dos participantes do programa de treinamento. As medidas de aprendizagem apuram o quanto os participantes mudaram suas atitudes e melhoraram seus conhecimentos e competências, após o programa de treinamento. As medidas de comportamento indicam a extensão com que a mudança de comportamento ocorreu após a realização do treinamento. A medição dos resultados verifica os efeitos gerais do programa na organização, em termos de clima, rotatividade de funcionários etc. (Kirkpatrick, 1994).

Estruturado por Campbell (1998), o *evaluation schema* considera, além do tempo, o pessoal e outros recursos envolvidos. O *evaluation schema* é dividido em três partes:

- planejar – envolve a determinação dos requisitos de avaliação, especificando seus propósitos e objetivos para, em seguida, identificar as fontes de informação e métodos para coleta de dados, além da definição de um cronograma de avaliação elaborado com a participação de todos os interessados;
- coletar e interpretar os dados/informações – em sequência à fase de preparação, testes-piloto são elaborados, e há a aplicação dos instrumentos de coleta de dados. Os dados coletados são então analisados e interpretados; e
- preparar recomendações e um plano de ação – as atividades realizadas incluem a apresentação das conclusões e recomendações para o aperfeiçoamento do programa de treinamento e o desenvolvimento de um plano para a realização das adequações necessárias.

O *Guskey's model of five levels* (Guskey, 2002), por sua vez, tem como objetivo avaliar os programas de treinamento em cinco níveis, a saber:

- reações dos participantes;
- aprendizagem;
- apoio organizacional;
- uso de conhecimentos e competências adquiridas;
- resultados da aprendizagem.

Para o autor, no primeiro nível (reações dos participantes) são colhidas as percepções iniciais dos participantes sobre a atividade/programa/sessão. Nesse nível, geralmente é utilizado um questionário de acompanhamento. São comuns perguntas como: os participantes consideram que seu tempo foi bem empregado? As atividades desenvolvidas foram significativas? Os participantes consideram que as atividades serão úteis na prática? É importante conhecer a reação do participante para melhorar a concepção e a execução do programa.

O segundo nível, a aprendizagem, avalia o conhecimento e as habilidades adquiridas pelos participantes como resultado do programa de treinamento. Isso pode envolver muito mais do que um questionário padronizado. Pode ser necessário, por exemplo, realizar um teste, uma simulação ou a manifestação de uma habilidade ou atividades similares.

O nível três, apoio organizacional, deve ser desenvolvido após o treinamento. Nele, avalia-se o suporte organizacional para as competências adquiridas no programa de treinamento. Para tanto, podem-se formular perguntas como: mudanças individuais eram incentivadas e apoiadas? O apoio administrativo foi público e notório? Os problemas foram abordados com rapidez e eficiência? Os recursos disponíveis foram suficientes, incluindo o tempo para troca de conhecimento e reflexão? O sucesso foi reconhecido e compartilhado? Os dados para essa avaliação poderão advir da análise da liderança ou de registros profissionais, das reuniões de acompanhamento, questionários etc.

O quarto nível, uso de conhecimentos e competências adquiridas, avalia a utilização de novos conhecimentos e habilidades pelos participantes do treinamento. Ela pode ser verificada ao perguntar se os participantes estão utilizando bem o que aprenderam. Podem ser usados, para esse fim, questionários e entrevistas estruturadas, reflexões pessoais e observação direta.

E, por último, no quinto nível, os resultados da aprendizagem dos participantes são medidos. Sua performance, financeira ou comportamental, deve ser claramente visível. Podem ser utilizados indicadores de produtividade, melhoria de relacionamento interpessoal, melhoria do relacionamento com clientes, redução de reclamações, aumento da eficácia ou redução do retrabalho.

No *training programme measurement model*, desenvolvido por Tennant, Boonkrong e Roberts (2002) mediante a combinação de suas próprias visões com elementos dos modelos de Kirkpatrick (1994) e Ciro (Cooper, 1994), os autores consideram que, após a conclusão do treinamento, três etapas de mensuração são recomendadas:

❑ teste imediato – visa testar as novas habilidades adquiridas pelos participantes com o treinamento. Pode ser aplicado imediatamente após a conclusão do programa;
❑ teste intermediário – aplicado assim que os participantes retornarem aos seus locais de trabalho, a fim de apurar se o aprendizado está sendo efetivamente utilizado;
❑ teste final – realizado após um determinado tempo para verificar o aprimoramento das habilidades e mudanças de comportamento.

De forma resumida, entendemos que o planejamento estratégico gera competências essenciais e competências específicas de cada área. Após a avaliação da realidade existente, o planejamento da capacitação e desenvolvimento humanos deve ser construído. Esse passo torna o RH um parceiro estratégico da organização.

Não desejamos, leitor, esconder a realidade. Há uma grande distância entre a vida real e o mundo ideal. Como veremos em pesquisas relatadas no capítulo 4, ainda há muito a evoluir no sentido de uma capacitação organizacional estratégica. A realidade, hoje, no país, ainda gira em torno da tradicional área de T&D que, como um sistema, segue integrado pelos seguintes elementos: (a) avaliação de necessidades; (b) planejamento do treinamento e sua execução; e (c) avaliação do treinamento. Do primeiro para o segundo e deste para o terceiro, os elementos mantêm entre si um constante fluxo de informações e produtos, sendo que a avaliação de treinamento seria a principal responsável pelo provimento de informações que garantiriam a retroalimentação e, portanto, o aperfeiçoamento constante do sistema.

Muitas empresas, entretanto, sequer avaliam seus treinamentos, ou seja, não fecham um ciclo que já se tornou anacrônico. O que dizer, então, do planejamento estratégico como base para a capacitação e o desenvolvimento das pessoas?

Da estratégia à execução: o caso Embratec

Com 15 anos de história, a Embratec é uma empresa de serviços que atua no mercado brasileiro administrando duas unidades de negócios, a Ecofrotas e a Ecobenefícios – Expers, ambas com foco no desenvolvimento de soluções corporativas e sustentáveis, para a gestão de frotas leves e pesadas e gestão de convênios. É conhecida no mercado por meio de sua bandeira Good Card. O principal objetivo dessas empresas é auxiliar seus clientes a reduzirem custos com abastecimento e manutenção de frotas, além de controlar as emissões de gases do efeito estufa.

A Embratec tem apresentado as melhores práticas em aprendizagem e desenvolvimento humano, bem como o alinhamento das estratégias ao negócio. Convidamos a sra. Rosimeri Dalagnol Severo, diretora do Departamento Humano e Organizacional (DHO), em 2014, para nos relatar o processo que levou a empresa da estratégia à execução da aprendizagem.

A fim de dar peso e tornar o desenvolvimento de pessoas estratégico, a área de desenvolvimento humano e organizacional responde diretamente ao presidente, sr. Marcos Schoenberger, desde o início da organização. Ter as pessoas como diferencial tem construído, com o apoio de todos, ano a ano, uma organização nacional considerada de sucesso. Na empresa há seis anos, Rosimeri expõe a seguir todas as atividades desenvolvidas sob sua gestão.

É clara a importância da gestão de pessoas nas empresas, mormente em empresas do segmento de serviços, pelos reflexos diretos que a adequada gestão de pessoas gera sobre a fidelização de clientes. Há uma forte conexão lógica entre o comprometimento do funcionário e os resultados financeiros, pois são as pessoas, com seu nível de desempenho, que criam o ambiente de atendimento que leva à fidelização dos clientes, os quais trazem os resultados para a empresa.

A gestão de pessoas é uma das grandes responsáveis por trazer soluções que sustentem a estratégia de negócios e proporcionem a alta performance dos profissionais da empresa. Ciente desse fato, o sr. Marcos Schoenberger decidiu remodelar todo o RH e desafiá-lo a assumir o papel estratégico, transformando-se na área de desenvolvimento humano e organizacional (DHO).

O desenvolvimento organizacional é um processo estratégico de mudança planejada – portanto, de longo prazo – que objetiva alavancar a organização a estágios cada vez mais avançados, ao mesmo tempo que integra metas individuais, grupais e empresariais. Foi fundamental à área aproximar-se e apropriar-se dos temas ligados às competências essenciais ao desenvolvimento organizacional, ou seja, tratar de questões culturais, de clima interno e de relações mais intensas com o macroambiente, bem como da necessidade de capacitar pessoas. A função de RH se tornou mais complexa e completa; tornou-se estratégica.

Para garantir os diferenciais necessários à sobrevivência num ambiente turbulento como é o das empresas de prestação de serviços, o DHO participa ativamente na construção do planejamento estratégico, e, a partir das definições das estratégias derivadas do planejamento, implementou as ações a seguir:

- identificou o propósito da empresa, conectando as pessoas e engajando-as nele;
- conscientizou todos de que, embora mudanças fossem indispensáveis, estas só existiriam se os funcionários delas se apropriassem e nelas enxergassem benefícios;
- tudo começava no topo, ou seja, com a alta direção, em seu exemplo e vivência no dia a dia.

A área de desenvolvimento humano e organizacional estruturou políticas e instrumentalizou e preparou gestores de todos os níveis a assumirem seus papéis como líderes na organização. O quadro 3 apresenta o mapa dos processos de desenvolvimento humano e organizacional da Embratec preparados para atender à estratégia.

Quadro 3
A ESTRUTURA ESTRATÉGICA DE RH DA EMBRATEC

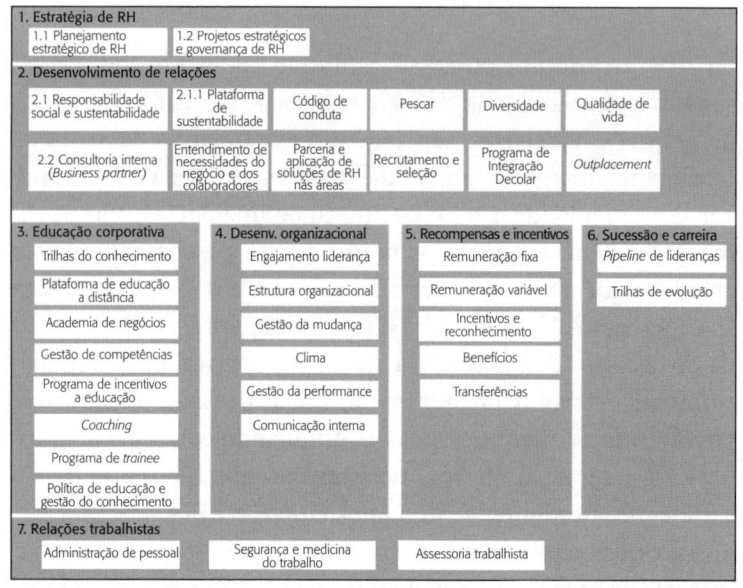

1. Estratégia de RH						
1.1 Planejamento estratégico de RH	1.2 Projetos estratégicos e governança de RH					
2. Desenvolvimento de relações						
2.1 Responsabilidade social e sustentabilidade	2.1.1 Plataforma de sustentabilidade	Código de conduta	Pescar	Diversidade	Qualidade de vida	
2.2 Consultoria interna (Business partner)	Entendimento de necessidades do negócio e dos colaboradores	Parceria e aplicação de soluções de RH nas áreas	Recrutamento e seleção	Programa de Integração Decolar	Outplacement	
3. Educação corporativa		**4. Desenv. organizacional**		**5. Recompensas e incentivos**		**6. Sucessão e carreira**
Trilhas do conhecimento		Engajamento liderança		Remuneração fixa		Pipeline de lideranças
Plataforma de educação a distância		Estrutura organizacional		Remuneração variável		Trilhas de evolução
Academia de negócios		Gestão da mudança		Incentivos e reconhecimento		
Gestão de competências		Clima		Benefícios		
Programa de incentivos a educação		Gestão da performance		Transferências		
Coaching		Comunicação interna				
Programa de trainee						
Política de educação e gestão do conhecimento						
7. Relações trabalhistas						
Administração de pessoal		Segurança e medicina do trabalho		Assessoria trabalhista		

Fonte: Embratec (2014).

Para cuidar dos talentos da Embratec, a estrutura está organizada em núcleos, todos orientados para as necessidades do negócio, conforme se pode ver na figura 1.

Figura 1
DETALHAMENTO DO NÚCLEO DE GESTÃO DE TALENTOS

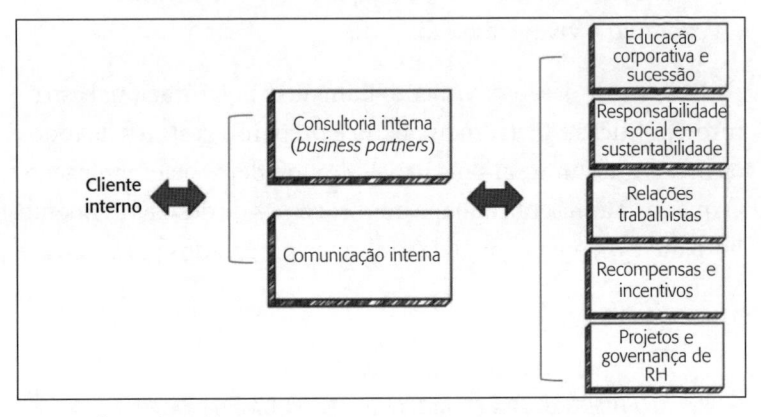

Cliente interno ↔ [Consultoria interna (business partners) / Comunicação interna] ↔ [Educação corporativa e sucessão / Responsabilidade social em sustentabilidade / Relações trabalhistas / Recompensas e incentivos / Projetos e governança de RH]

Fonte: Embratec (2014).

Dentro de um processo evolutivo, as estratégias de desenvolvimento humano decorrem do planejamento estratégico da empresa. Falar em planejamento estratégico é falar numa ferramenta dinâmica, que muda pelo menos a cada ano. Assim, a maior dificuldade não foi estruturar competências, mas trabalhar a resistência de todos às mudanças. As pessoas precisavam acreditar que a mudança seria benéfica para todos. Essa crença só é incrementada quando há espaço para participação na tomada de decisão. Desse modo, a empresa criou um planejamento estratégico formulado dentro de um processo colaborativo, envolvendo as diferentes áreas e culminando com um encontro geral de lideranças ao final do exercício fiscal, em que toda a estratégia é desdobrada em planos táticos e KPI's.

Pessoas certas no lugar certo e na hora certa. Essa é uma das missões da área de desenvolvimento humano e organizacional da Embratec. Para isso, foi fundamental entender o momento do críticas ao negócio, mapear compatibilidades e identificar potenciais ocupantes. Essa é uma visão estratégica. Apresentamos, a seguir, como foi planejada a transição do RH, com uma visão mais operacional, para o DHO, com todo um posicionamento estratégico. Observe, leitor, a atuação do RH em 2009 e como o DHO atua em 2014. Veja, no quadro 4, os passos desse processo.

Quadro 4
A EVOLUÇÃO DO RH PARA O DHO – ESTRATÉGICO

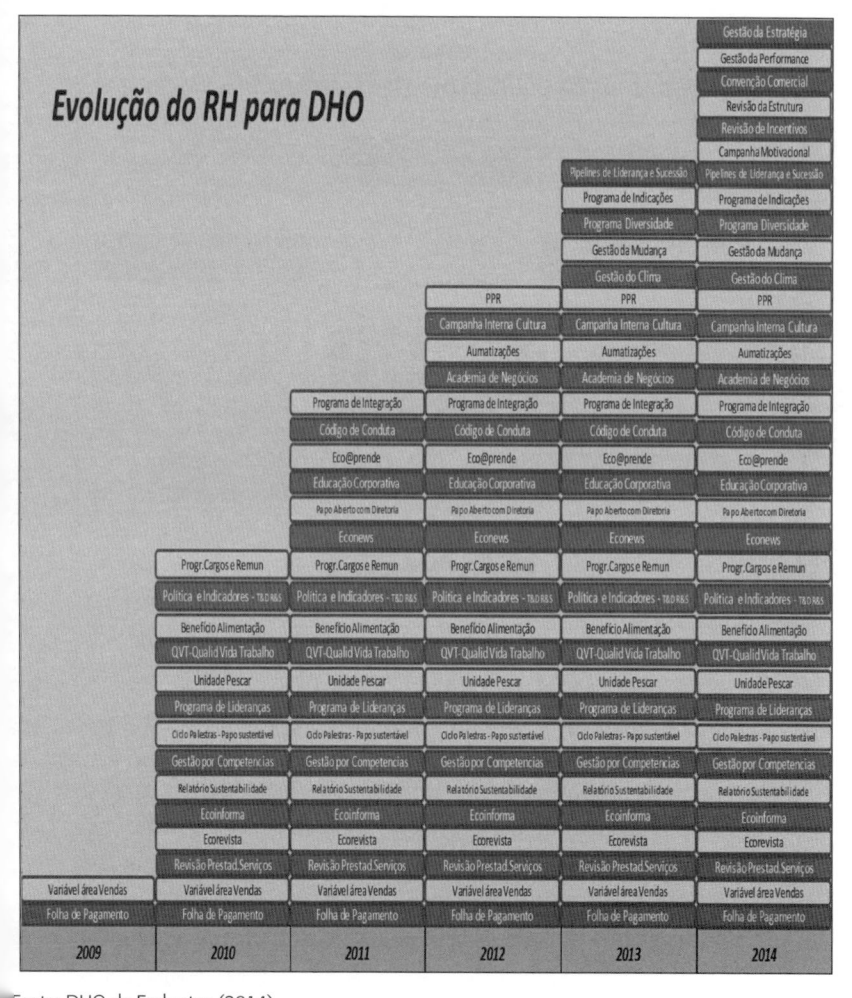

Evolução do RH para DHO

2009	2010	2011	2012	2013	2014
					Gestão da Estratégia
					Gestão da Performance
					Convenção Comercial
					Revisão da Estrutura
					Revisão de Incentivos
					Campanha Motivacional
				Pipelines de Liderança e Sucessão	Pipelines de Liderança e Sucessão
				Programa de Indicações	Programa de Indicações
				Programa Diversidade	Programa Diversidade
				Gestão da Mudança	Gestão da Mudança
				Gestão do Clima	Gestão do Clima
			PPR	PPR	PPR
			Campanha Interna Cultura	Campanha Interna Cultura	Campanha Interna Cultura
			Aumatizações	Aumatizações	Aumatizações
			Academia de Negócios	Academia de Negócios	Academia de Negócios
		Programa de Integração	Programa de Integração	Programa de Integração	Programa de Integração
		Código de Conduta	Código de Conduta	Código de Conduta	Código de Conduta
		Eco@prende	Eco@prende	Eco@prende	Eco@prende
		Educação Corporativa	Educação Corporativa	Educação Corporativa	Educação Corporativa
		Papo Aberto com Diretoria	Papo Aberto com Diretoria	Papo Aberto com Diretoria	Papo Aberto com Diretoria
		Econews	Econews	Econews	Econews
	Progr. Cargos e Remun	Progr. Cargos e Remun	Progr. Cargos e Remun	Progr. Cargos e Remun	Progr. Cargos e Remun
	Política e Indicadores - T&D R&S	Política e Indicadores - T&D R&S	Política e Indicadores - T&D R&S	Política e Indicadores - T&D R&S	Política e Indicadores - T&D R&S
	Benefício Alimentação	Benefício Alimentação	Benefício Alimentação	Benefício Alimentação	Benefício Alimentação
	QVT-Qualid Vida Trabalho	QVT-Qualid Vida Trabalho	QVT-Qualid Vida Trabalho	QVT-Qualid Vida Trabalho	QVT-Qualid Vida Trabalho
	Unidade Pescar	Unidade Pescar	Unidade Pescar	Unidade Pescar	Unidade Pescar
	Programa de Lideranças	Programa de Lideranças	Programa de Lideranças	Programa de Lideranças	Programa de Lideranças
	Ciclo Palestras - Papo sustentável	Ciclo Palestras - Papo sustentável	Ciclo Palestras - Papo sustentável	Ciclo Palestras - Papo sustentável	Ciclo Palestras - Papo sustentável
	Gestão por Competencias	Gestão por Competencias	Gestão por Competencias	Gestão por Competencias	Gestão por Competencias
	Relatório Sustentabilidade	Relatório Sustentabilidade	Relatório Sustentabilidade	Relatório Sustentabilidade	Relatório Sustentabilidade
	Ecoinforma	Ecoinforma	Ecoinforma	Ecoinforma	Ecoinforma
	Ecorevista	Ecorevista	Ecorevista	Ecorevista	Ecorevista
	Revisão Prestad. Serviços	Revisão Prestad. Serviços	Revisão Prestad. Serviços	Revisão Prestad. Serviços	Revisão Prestad. Serviços
Variável área Vendas	Variável área Vendas	Variável área Vendas	Variável área Vendas	Variável área Vendas	Variável área Vendas
Folha de Pagamento	Folha de Pagamento	Folha de Pagamento	Folha de Pagamento	Folha de Pagamento	Folha de Pagamento

Fonte: DHO da Embratec (2014).

A partir da definição da estratégia e seu alinhamento com o negócio, desdobram-se e são formulados os programas.

A sustentação da estratégia e do crescimento organizacional demandou a formulação de um sólido programa de educação corporativa, numa eficiente rede de canais de comunicação interna e sempre acompanhado da monitoria do clima organizacional para se ter assegurado o desenvolvimento da cultura organizacional que se desejava construir. A figura 2 detalha a estrutura da área de educação corporativa da Embratec.

Figura 2
A ESTRUTURA DA EDUCAÇÃO CORPORATIVA NA EMBRATEC

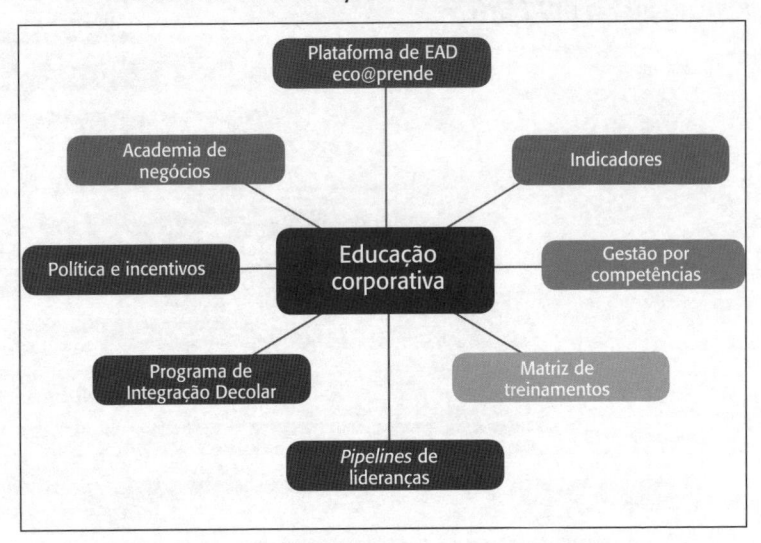

- Plataforma de EAD eco@prende
- Academia de negócios
- Indicadores
- Política e incentivos
- Educação corporativa
- Gestão por competências
- Programa de Integração Decolar
- Matriz de treinamentos
- *Pipelines* de lideranças

Fonte: Plataforma Embratec.

Os principais programas definidos na estratégia de RH estão modelados da seguinte forma:

❑ gestão por competências – esse programa parte da identificação das competências essenciais ao sucesso do negócio, a partir das quais todos os funcionários serão avaliados e desenvolvidos. É um programa que alicerça as ações de RH, principalmente a

matriz anual de treinamentos. Por isso, foi um dos primeiros programas a serem implementados após a evolução do RH para DHO. Foram definidas seis competências essenciais válidas para todos os cargos e duas competências de liderança. Desde 2010, a empresa monitora o índice de prontidão de todos os seus funcionários através desse processo;
❏ rede de canais de comunicação interna – dissemina a cultura organizacional, de forma estratégica, planejada e diretamente alinhada ao negócio e aos objetivos da Embratec. Possui canais de comunicação estruturados que levam as informações estratégicas e táticas para as equipes. São eles:
  ❏ Ecoinforma (boletim por *e-mail*);
  ❏ *allert* (sistema de mensagens instantâneas);
  ❏ *Econews* (jornal eletrônico mensal);
  ❏ Ecorrevista (revista anual);
  ❏ Ecoportal (intranet);
  ❏ encontros e confraternizações;
  ❏ datas comemorativas;
  ❏ campanha permanente para cultura da sustentabilidade;
❏ academia de negócios – com o objetivo de elevar a senioridade dos profissionais que atuam na empresa, esse programa foi desenvolvido em fases, de modo a assegurar a assertividade na construção de trilhas do conhecimento para cada cargo. O programa preconiza o mapeamento de equipes, plotando-as em quadrantes com planos de desenvolvimento de competências técnicas e comportamentais específicos do cargo. O programa traz também intrínseco o objetivo de reter e qualificar funcionários, permitindo identificar potenciais para o programa de sucessão.
A Embratec iniciou mapeando todas as posições críticas ao negócio, definiu perfis ideais de competências técnicas e comportamentais do cargo, e realizou o *assessment* de seus ocupantes. Com os resultados obtidos, inseriu toda a força de trabalho em quadrantes com estratégias de desenvolvimento específicas.

Por fim, os cursos para desenvolvimento das competências técnicas e comportamentais foram organizados em trilhas de conhecimento por cargo, a fim de dar transparência, aos empregados, dos cursos disponíveis na academia de negócios para desenvolver as competências exigidas para o cargo atual e, até mesmo, preparar-se para uma posição desejada espontaneamente.

❏ plataforma de sustentabilidade – o engajamento se dá a partir da identificação com uma causa. Para a Embratec, sustentabilidade é inovação na gestão de frotas e benefícios a serviço da eficiência dos clientes e construção de um valor para a sociedade. Em um trabalho conjunto entre diretoria, Comitê de Sustentabilidade e demais áreas envolvidas, a Embratec identificou na eficiência sua causa em prol da sustentabilidade e construiu sua plataforma, ou seja, seu compromisso com o tema.

A gestão eficiente para o bem de todos é a marca da Embratec, e é com esse lema que engaja seus *stakeholders* à causa da sustentabilidade. A figura 3 descreve, de forma gráfica, os compromissos da organização;

Figura 3
A PLATAFORMA DE SUSTENTABILIDADE DA EMBRATEC

- aculturamento para a sustentabilidade – reunindo um grande conjunto de ações, esse foi um dos primeiros programas a serem lançados pelo DHO, assumindo a sustentabilidade de dentro para fora. Visa fazer do funcionário um agente de mudança para a nova cultura. Envolve:
  - cursos presenciais e a distância sobre sustentabilidade;
  - ciclos de palestras e oficinas;
  - *coaching* e preparação para a liderança na formação da cultura;
  - lançamento do primeiro relatório de sustentabilidade (desde 2011, o relatório está no padrão internacional do Global Report Initiative – GRI);
  - lançamento da unidade do Projeto Pescar, focada na preparação de jovens em situação de vulnerabilidade social;
  - lançamento do código de conduta;
  - ampla campanha de comunicação interna.

  Este programa tornou-se contínuo e, em 2014, passou por melhorias. Em 2011, foi submetido à avaliação da Associação Brasileira de Recursos Humanos (ABRH), e foi premiado com o TOP Ser Humano, o que contribuiu para, em 2013, a empresa ser reconhecida como a mais sustentável no seu segmento de atuação pelo *Guia Exame de Sustentabilidade*;
- gestão do clima – esse programa objetiva monitorar o nível de satisfação dos funcionários em relação às práticas de gestão de pessoas da empresa. A partir da pesquisa de clima, são constituídos comitês de ambiência responsáveis por propor planos de ação para melhoria do clima organizacional. O DHO posiciona-se como um facilitador das melhorias, coordenando o plano geral da empresa junto à alta direção. É fundamental contemplar ações de clima organizacional capazes de fazer com que o contrato psicológico estabelecido

entre a empresa e os funcionários permita manter níveis de credibilidade adequados à inovação;
- plataforma de educação a distância – dada a distribuição geográfica, o dinamismo em inovações e a necessidade de a empresa ter equipes bem preparadas, foi criada, em 2010, a plataforma de educação a distância, que trouxe respostas efetivas:
  - repositório do conhecimento convergente com posicionamento sustentável (redução de emissão de gases do efeito estufa que seriam gerados pelo deslocamento e melhor qualidade de vida do funcionário);
  - economia de 30% em comparação ao treinamento presencial;
  - perspectivas de a ferramenta alcançar também o cliente;
  - até 2013 a educação à distância foi responsável por cerca de 35% dos cursos realizados.
- Programa de Integração Decolar – fazendo uma analogia com um plano de voo capaz de fazer carreiras decolarem, o programa oferece ao novo funcionário a oportunidade de integrar-se à empresa, conhecendo sua cultura, suas políticas, e obtendo conhecimentos específicos necessários à função. É um programa composto por três etapas e, ao final do período de experiência, o funcionário é avaliado formalmente em relação a seu desempenho e comportamentos combinados no processo de integração, definindo-se pela contratação ou não por prazo indeterminado;
- *pipelines* de liderança e sucessão – trata-se de um projeto de carreira e sucessão, estruturado por *pipelines* de liderança, que define a sistemática que contempla sua gestão, proporcionando o desenvolvimento contínuo dos gestores da empresa. Dada a importância de preparar a próxima geração de líderes que darão continuidade ao negócio, esse projeto ingressou com muita força em 2014. A Embratec tem quatro *pipelines*

de liderança definidos, e está em processo de estabelecer parcerias externas para ampliar o escopo dos programas de desenvolvimento. O Comitê Gestor de Carreira e Sucessão compartilha a responsabilidade pelo programa;

- gestão da performance – para aprimorar o modelo atual de gestão de competências e incluir a gestão da performance e dos plano de desenvolvimento individuais vinculados à estratégia da Embratec, esse programa embasa muitas das ações de RH, pois mapeia, por meio de contratos de metas individuais, o mérito individual. A Embratec possui contratos de metas estabelecidos individualmente – da presidência às equipes. O processo de implantação foi gradativo. Iniciou-se em 2010 somente pela presidência e diretoria, e não foi considerado no cálculo do Programa de Participação nos Resultados (PPR), mas serviu para ajudar a formar a cultura de alta performance e meritocracia. Já para 2014, os contratos de metas individuais são reconhecidos para o PPR para todos os níveis de gestão (até os gerentes, coordenadores e supervisores). A equipe da base ainda não terá seu PPR afetado pelo seu contrato de metas individual, mas no ano de 2014 já o elaborou como elemento de formação de cultura para o próximo ano. Esse modelo de gestão de performance é fundamental para assegurar o alinhamento das ações individuais no desdobramento da estratégia da empresa. Conectar metas individuais às metas globais é uma reconhecida forma de engajar e significar as atividades de cada um;
- gestão da estratégia – programa que organizou o método de planejamento estratégico da empresa e é responsável pelo desdobramento do mesmo para as demais áreas. O DHO o coordena em parceria com o presidente. Dessa forma, a empresa mostra seu entendimento de que a realização da estratégia passa por pessoas, e elas farão o planejamento acontecer;

- alinhamento de incentivos à estratégia – em 2012, a empresa lançou o Programa de Participação nos Resultados (PPR) como forma de estimular a motivação dos funcionários a atingir o sucesso planejado. A empresa distribuiu, em média, cerca de 20% do seu lucro líquido aos funcionários desde o lançamento do programa. Um ponto alto desse programa é sua estruturação, que reconhece três esferas de indicadores-chave: o sucesso da empresa, o sucesso das áreas (contratos de metas individuais) e a avaliação de competências, ou seja, não pesa somente o que é entregue, mas também o *como* é entregue.
Além disso, em 2014 a empresa realizou um estudo sobre remuneração, estratégias de remuneração e política de benefícios, a fim de propor ações de gestão de pessoas que apoiem a estratégia e o atingimento das metas até 2016;
- diversidade – programa de inclusão, vinculado à plataforma de sustentabilidade, uma das estratégias da empresa. Esse programa visa preparar a empresa e funcionários para trabalharem, respeitarem e valorizarem as diferenças entre as pessoas, pois preferências ou condições físicas não são sinônimos de menor produtividade e capacidade profissional. O programa pretende trabalhar a diversidade em etapas: pessoas com deficiência (PCD), raças, mulheres, idosos etc.;
- Programa de Indicação Profissional Networking – dada a escassez de talentos no mercado, a empresa buscou inovar suas fontes de recrutamento. Nesse programa, os empregados da empresa são estimulados a indicar currículos. As indicações são avaliadas e, após o período de experiência do contratado, o funcionário que indicou o profissional recebe uma premiação e reconhecimento. O programa foi lançado em 2013 e, até meados de 2014, além de reduzir os custos do recrutamento e seleção, já respondia por cerca de 25% das contratações realizadas.

Os programas implantados passam anualmente por um processo de análise de efetividade e definição pela remodelagem ou continuidade. A continuidade é uma preocupação constante, pois somente com a continuidade de programas alinhados à estratégia de negócio é que a cultura se fortalece e o planejamento gera os resultados almejados.

Manter um conjunto de indicadores é de fundamental importância para avaliar os resultados dos programas e o quanto estão sendo eficientes diante dos objetivos de sustentação da estratégia organizacional. Estão citados a seguir esses indicadores:

- *turnover*: com a carga de investimentos que a empresa realiza em pessoas, a rotatividade representa um custo enorme, pois envolve não só os custos do recrutamento e seleção, como também os da integração, e o custo de desligamento e da reposição. Após todas as ações desenvolvidas pelo DHO, o índice de *turnover* reduziu-se em cerca de 55%. Em 2013, o índice de *turnover* geral da Embratec foi de 19,6%;
- educação – são monitoradas as horas de treinamento por empregado e sua evolução no decorrer dos anos. Entre a plataforma de educação a distância, presencial e incentivos à educação formal, totalizaram-se 112.180 horas. A meta geral para 2014 foi de 52 horas *per capita*/ano. A efetividade dos treinamentos é avaliada por meio de parecer do gestor ou prova de conhecimentos técnicos. Ambos são auditados pela ISO 9001;
- carreira interna – monitora o aproveitamento interno de profissionais, indicando se o investimento da empresa em seus talentos está girando na própria empresa. Em 2013, 30% das vagas abertas foram fechadas por talentos da própria Embratec. Em 2014, a meta foi melhorar ainda mais esse índice e elevá-lo em 3%;
- índice de prontidão – mensura quanto os profissionais da empresa estão habilitados nas competências estabelecidas. Em

2013, a empresa fechou seu quarto ciclo de avaliações, sendo que, do primeiro ao último ciclo, a evolução foi de 56%;
❏ motivos de desligamento – há no mercado uma verdadeira guerra por talentos. Esse indicador monitora, por meio da realização de entrevistas de desligamento, a causa pelas quais a Embratec perde profissionais para o mercado. A partir da monitoria das causas, são definidas ações de retenção via consultoria interna;
❏ índice de satisfação – mensurado anualmente por meio da pesquisa de clima, esse índice é capaz de sinalizar os reflexos da gestão, o engajamento à cultura e, consequentemente, a produtividade das equipes. O último índice de satisfação foi de 71,1%. A empresa teve a meta de elevá-lo em 5%, em 2014.

Além desses, a empresa monitora a assertividade da seleção (avaliação formal realizada ao final do período de experiência) e a capacidade de atração, por meio da monitoria das fontes de recrutamento e do Programa de Indicação Profissional Networking.

Considerações finais

Neste capítulo você deve ter percebido como a Unesco define a educação a partir de quatro pilares: aprender a conhecer, aprender a fazer, aprender a conviver, e aprender a ser. Certamente notou como é desafiador colocar a educação em prática, transformando-a em capacitação. Ao mesmo tempo, do ponto de vista organizacional, deve haver correlação direta entre as competências essenciais da empresa e as das áreas, para um pensar mais estratégico sobre o agir na capacitação. A educação e, em especial, o ciclo de aprendizagem em qualquer organização devem derivar dessa visão. O aprendizado deve ser orientado e derivar da estratégia e de suas competências essenciais. Estas servirão de base para a criação do perfil de competências por área ou posição, definindo o modelo ideal, que, quando comparado às competências existentes, ou seja, ao modelo real, evidenciará os *gaps* que deverão ser supridos por meio de treinamento e desenvolvimento. Modelagens possíveis e modelos de avaliação de treinamentos estão detalhados. O estudo do caso Embratec, finalmente, dá cor e forma ao conteúdo que apresentamos, e se você avaliar cuidadosamente, os pontos definidos no conteúdo estão detalhados no planejamento do DHO.

No próximo capítulo, vamos apresentar como, de forma abrangente, as estratégias de educação corporativa estão estruturadas. Lá, oferecemos um amplo leque de metodologias a fim de que você, leitor, possa adaptar e aplicar com excelência aquelas que julgar mais relevantes para uma capacitação melhor das pessoas.

Algumas perguntas para fixação do conteúdo e reflexão seguem:

1. Quem são e quais as características dos trabalhadores do conhecimento?
2. A Unesco define, por meio da sua Comissão Internacional sobre a Educação para o Século XXI, os quatro pilares capazes de conduzir a um desenvolvimento humano mais harmonioso. Que pilares são esses?
3. Se bem elaborado, o planejamento estratégico da organização deverá gerar e dar visibilidade às competências essenciais da empresa. Quais as características dessas competências?
4. A fim de alinhar as estratégias de educação ao negócio, a gestão por competências tem se consolidado como uma das práticas mais efetivas. Por quê?
5. A efetividade na implantação de programas de capacitação de pessoas depende, entre outros aspectos, da avaliação, por

parte da empresa, dos programas de treinamento aplicados. Entre os instrumentos para tal avaliação está o *Guskey's model*. Quais as características desse modelo? No que ele diverge dos demais?

Agora, mais algumas questões para provocar sua reflexão:

1. Falar em capacitar seus empregados significa garantir, por parte da empresa, a aquisição sistemática de conhecimentos que, estrategicamente alinhados ao negócio, melhorem a produtividade e garantam a criação de novos valores. Estaria tal capacitação presente na maioria das empresas, ou ainda as práticas tradicionais de treinamento e desenvolvimento são a realidade na maioria das organizações?
2. Dada a complexidade na qual o mundo se insere hoje, qual seria o ambiente ideal para o desenvolvimento dos trabalhadores do conhecimento?
3. A Unesco define, entre as bases da educação para o século XXI, o aprender a ser. Os programas de capacitação e desenvolvimento implantados pelas organizações fortalecem esse pilar?
4. As estratégias de aprendizagem desenvolvidas pelas empresas deveriam derivar de um planejamento estratégico bem elaborado, que fornecesse as competências essenciais do negócio. Como a área de gestão de pessoas deveria proceder quando, querendo atuar estrategicamente, a empresa não tem um planejamento estratégico ou ele não está bem elaborado?

3

Metodologias e estratégias em educação corporativa

Como vimos nos capítulos anteriores, despertar e desenvolver competências em adultos é um processo bastante diferente daquele destinado a fazer crianças aprenderem. Desse modo, metodologias que levem em conta os princípios da andragogia nos projetos e programas de aprendizagem e desenvolvimento de pessoas são mais do que importantes, são condição indispensável para que adultos se sintam motivados e efetivamente engajados em ações de capacitação e desenvolvimento nas empresas.

Ao longo do tempo, o treinamento corporativo em sala de aula, conforme o conhecemos hoje em dia, será apenas uma parte e, em certos casos, uma pequena parte, da abordagem adotada pelas organizações para a educação de seus funcionários. À medida que os trabalhos vão ficando mais complexos e as qualificações que eles exigem se tornam mais extensas, os executivos estão começando a questionar os pressupostos tradicionais que fundamentam os programas corporativos de aprendizagem e desenvolvimento.

As metodologias, cada vez mais, devem envolver o intelecto e o coração dos funcionários. Em outras palavras, devem tocar tanto a razão quanto a emoção dos participantes. Só assim eles tirarão o maior proveito das ações ofertadas pelas empresas, evitando desperdícios financeiros por parte das organizações.

Desenvolver pessoas geralmente envolve investimentos robustos, e, para garantir a eficiência e eficácia das ações organizacionais de ensino-aprendizagem, devemos saber lançar mão da diversidade de metodologias existentes. Neste capítulo, vamos avaliar a gama de metodologias à nossa disposição, como gestores da área de aprendizagem e desenvolvimento de pessoas e, sem a pretensão de esgotar o assunto, cada uma delas está explicada para facilitar sua aplicabilidade em projetos e programas. Nossa jornada prossegue. Estamos juntos?

Tipos de metodologias e estratégias de ensino

Veremos, nesta seção, como há uma ampla variedade de metodologias educacionais que visam atender às estratégias de ensino voltadas, obviamente, para o incremento dos resultados da organização. Como mencionam Wick et al. (2011:55), "a verdadeira meta do aprendizado e desenvolvimento – e o padrão pelo qual ele será cada vez mais mensurado – é a extensão com que contribui para a prosperidade e competitividade da companhia".

Segundo Boog (1999:263), cada metodologia representa um caminho possível de aprendizagem de natureza diferente – mas não excludente – dos demais. "São caminhos quase sempre paralelos, mas às vezes se cruzam, outras vezes se superpõem e outras vezes ainda se fundem, mantendo, no entanto, suas características essenciais", completa o autor.

No rico campo da aprendizagem de adultos, há metodologias mais adequadas à transferência de informações e conhecimentos aos funcionários; há outras que os despertam para a importância de determinados comportamentos, lançando sementes, sensibilizando-os para a pertinência de certas atitudes no trabalho; e há outras, ainda, que são excelentes para o desenvolvimento de competências de natureza técnica, como a capacidade de operar uma máquina de perfuração em uma empresa petrolífera. A seguir, listamos e descrevemos as principais metodologias hoje utilizadas para a concepção de programas de aprendizagem e desenvolvimento de pessoas.

Autoinstrução

É um processo de assimilação de informações e conhecimentos pela teoria e por imagens. A autoinstrução, como o próprio nome diz, é um método autodirigido. Permite a assimilação de informações no tempo do indivíduo, uma vez que ele tem autonomia para gerir sua disponibilidade para o estudo, contemplando, assim, aspectos importantes da aprendizagem: as dimensões da subjetividade e da temporalidade. A autoinstrução depende principalmente da curiosidade e da vontade do indivíduo, e se dá por meio de leitura. Pode, porém, associar-se a outras mídias, tais como história em quadrinhos, textos, CDs, DVDs, *e-learning* (EAD).

Exposição

É a metodologia mais antiga e tradicional. São as exposições que, de fato, formatam o treinamento. A exposição é o "aprender pela teoria"; é um método conceitual. Os facilitadores apresentam conteúdos por meio da explanação oral, com a finalidade de transferência de informações e conhecimentos. Da parte dos ouvintes, há uma atitude passiva no método da exposição, o que acaba por caracterizá-la como uma "via de mão única". As pessoas presentes participam quase que integralmente ouvindo. Não há oportunidade para a prática, reforço, retroação – elementos fundamentais no ciclo de desenvolvimento efetivo de competências. Muitas vezes, o objetivo da exposição é apenas o de atualização, por exemplo, a legislação relacionada à regulação do ramo petrolífero. Exemplos de exposição compreendem *workshops*, palestras, aulas, simpósios, cursos, seminários, congressos.

Debate

O debate é uma metodologia que não só permite a integração dos empregados, favorecendo que pessoas distantes fisicamente, ou de departamentos diferentes, conheçam umas às outras, mas que também, e principalmente, possibilita a reflexão conjunta dos conhecimentos obtidos mediante exposição, leitura, apresentação de casos externos ou internos. Sua grande vantagem reside em promover – e aprimorar – a escuta ativa, a prática do diálogo e a observação apreciativa, que consiste em aprender a apreciar o ponto de vista do outro.

Uma vez que no debate há reflexão, troca, compartilhamento, essa metodologia contribui para algo fundamental em aprendizagem e desenvolvimento de pessoas, que é a geração de massa crítica. Qualquer indivíduo só se desenvolve quando tem massa crítica, que é um conjunto de conceitos, posicionamentos e comportamentos consolidados sobre um tema ou questão. Segundo Jefferson, Pollock e Wick (2011:254), é preciso, com o debate, gerar pregadores da mesma abordagem em vez de vozes solitárias a clamar no deserto. Se você procura melhorar substancialmente a performance de sua empresa, muitas pessoas precisam aprender coisas similares, todas ao mesmo tempo.

On the job training (treinamento no local de trabalho)

É o método prático, o treinamento ou capacitação "em serviço"; é aquele ministrado no exercício do cargo ou função, no local de trabalho. É o aprender pela experiência, na própria situação laboral. Jefferson, Pollock e Wick (2011:125) denominam este processo "prática da habilidade". Geralmente, o treinamento *on the job* é conduzido por supervisores, outros funcionários ou especialistas de *staff*, que atuam como instrutores.

Como o funcionário aprende enquanto executa (*learning by doing*), não há o problema de transferência de aprendizagem nessa metodologia: ele aprende e pratica, pratica e aprende ao mesmo tempo, no desenrolar de suas tarefas de produção. Se o indivíduo aprende praticando, essa é certamente uma das maneiras mais rápidas e eficazes de se mudar condutas e desenvolver comportamentos. Em outras palavras, é uma metodologia certeira no efetivo desenvolvimento de competências.

No treinamento *on the job*, a condução é uma apreciação crítica de como a pessoa está desempenhando seu cargo. "A verdadeira maestria requer prática constante com avaliações e *feedback* sobre seu desempenho no trabalho", reforçam Jefferson, Pollock e Wick (2011:125). Alguns dos princípios em que essa metodologia se apoia são os seguintes: ser concreto, corrigir em cima das falhas, variar as tarefas elementares, repetir processos, deixar assimilar, levar em conta cada individualidade, habituar o treinando ao autocontrole, e avaliar o êxito (Boog, 1999:264-265).

Job rotation (ou rotação de cargos)

Trata-se de uma das formas mais eficazes de formação e desenvolvimento profissional. Consiste na rotação ou rodízio planejado de um funcionário em diversas posições, permitindo a exploração de uma das disciplinas da organização de aprendizagem: a visão sistêmica (Senge, 2002). O *job rotation* é uma metodologia que efetivamente desenvolve competência, uma vez que o indivíduo coloca a mão na massa, mobilizando efetivamente recursos como habilidades e conhecimentos diante de situações concretas de trabalho (Eboli et al., 2010). Além da aquisição de competências por parte do individuo, o rodízio de cargos tira a pessoa da zona de conforto e acaba com os insubstituíveis. Esta, aliás, é uma das dificuldades de sua implantação: a questão do poder – o outro passa a ter o conhecimento e as habilidades que *eu* tenho. Segundo Boog (1999), cada vez mais empresas, na atualidade, usam esse esquema para formar profissionais polivalentes em todos os níveis. Para ser efetivo e ter credibilidade, deve haver uma política de RH que caracterize o *job rotation* como um programa de capacitação, com regras claras – por exemplo, tempo de duração do *job rotation*: um mês –, e é desejável que ele seja atrelado à promoção interna/sucessão. Além da política específica, sua aplicação deve vir acompanhada de: mapeamento das áreas/funções envolvidas, planejamento/cronograma, metas de aprendizagem, mentores e participantes, plano de desenvolvimento e mapeamento dos resultados.

Demonstração

Quando uma empresa de sabão em pó reúne seus funcionários em um local específico, pede que eles joguem *ketchup* e vinho tinto sobre roupas brancas e coloridas, e depois demonstram em bacias de água como o sabão em pó deve ser usado para tirar as manchas e ter a máxima eficiência, estamos diante de uma demonstração aos empregados. A demonstração faz com que o indivíduo aprenda vendo ou tocando, e pode ser utilizada em uma diversidade de situações: na apresentação de produtos novos ou já existentes aos funcionários, nos processos de trabalho, e no emprego de tecnologias. Conceber uma demonstração, no entanto, não é tão simples quanto parece, e não admite improvisações. Para obter eficácia no processo de ensino/aprendizagem, ela exige planejamento minucioso, conhecimento dos produtos e serviços a serem apresentados, sistematização das etapas e conhecimento específico por parte do facilitador. Um de seus benefícios é o de direcionar a atenção dos participantes para os detalhes, contemplando espaços para prática e *feedback*.

Coaching

A origem da metodologia é antiga; ela remonta aos filósofos gregos, como Platão e Sócrates. O princípio do *coaching*, aliás, é o princípio da maiêutica socrática, que significa: todas as respostas estão dentro de você. No *coaching*, por meio de estímulos e provocações do *coach* (orientador), o *coachee* (orientando) mergulha no trabalho de achar suas próprias respostas. O grande objetivo do *coaching* é desenvolver competências para a superação de metas do *coachee*, de curto/médio prazo. A origem dessa palavra vem do inglês medieval: ela significa "carruagem" (Vergara, 2013), ou seja, o objetivo do *coaching* é levar o indivíduo de um lugar ou ponto a outro.

Algumas pessoas confundem e procuram o *coaching* com os objetivos do *mentoring* e do *counselling*, duas metodologias que consistem no aconselhamento. Aconselhar, porém, é o que o *coach* não pode fazer com o *coachee* no processo. No *coaching* existem técnicas específicas para levar o outro a refletir e imergir num processo de autoconhecimento. Hoje o *coaching* é uma das metodologias mais eficazes que existem para a concretização de todas as fases do ciclo de desenvolvimento de competências, visto no primeiro capítulo. "O coaching enfatiza o aprendizado pela ação e o aprendizado pelo feedback [...] A atribuição de tarefas cria experiências, que através do feedback, geram as mudanças adequadas" (Lages e O'Connor, 2010: 43-45).

No *coaching*, a base da relação é a confiança e a empatia. Se não houver confiança, um ciclo positivo e produtivo não acontece. Uma questão importante é a confusão que pode acontecer entre *coaching* e terapia. São processos diferentes. O *coaching* trabalha com prazos, com metas; ele não trabalha com traumas, problemas existenciais, fobias, mas com objetivos palpáveis, visando a uma concretização efetiva desses planos. O *coaching*, em suma, é voltado para resultados efetivos, tangíveis, mensuráveis (Lages e O'Connor, 2010:8).

Simulação

Segundo Boog (1999:263), a simulação é uma técnica de desenvolvimento que consiste na "imitação", quase idêntica, da realidade do trabalho. O método simulado é o ato de aprender imitando a realidade. Os exemplos mais comuns são os simuladores de voo, as *lojas-escola,* os *hotéis-escola,* os *restaurantes-escola*, e as brigadas do Corpo de Bombeiros. Em um supermercado, pode existir, por exemplo, um caixa utilizado somente para treinamentos, para simular o cotidiano do novo funcionário e reproduzir as situações, o ambiente, os problemas e as condições de trabalho de uma pessoa que trabalha no caixa. Ali o novo funcionário se senta, aprende como ser prestativo e como passar os produtos com seus códigos de barra, como gerar o *ticket* fiscal e como proceder no empacotamento das compras do cliente. É uma técnica muito usada no treinamento de pessoas que operam equipamentos.

Estudo de caso

É uma abordagem internacionalmente popularizada na educação executiva. Casos organizacionais de dentro ou de fora da empresa são analisados, de modo a estimular a capacidade crítica dos funcionários, a resolução de questões e o debate – com quebra de paradigmas e ampliação da visão dos envolvidos. Os participantes, individualmente ou em grupo, são solicitados a oferecer possíveis soluções para os problemas identificados, para não incorrerem nos mesmos erros ou para assimilarem as melhores/piores práticas de outras empresas, respondendo à pergunta: "onde e por que obtiveram êxito/fracasso?". As grandes vantagens do estudo de caso são: tem um custo baixo, é eficaz em muitas empresas, trabalha o envolvimento intelectual e emocional em um caso, proporciona prática na análise de problemas e o desenvolvimento de ideias e hipóteses, treina o exercício de julgamento, e gera massa crítica e desenvolvimento de soluções internas. Como geralmente não existe uma solução única para a maioria dos casos, isso encoraja o desenvolvimento de maior flexibilidade ao encarar os problemas empresariais.

Dramatização (role-playing)

É uma metodologia atraente quando se pretende despertar os funcionários para o desenvolvimento de determinadas atitudes, propiciando a formação de uma nova consciência (Boog e Boog, 2013b:318). A dramatização leva a pessoa à reflexão quanto às necessidades de mudanças de atitude para a melhoria de seu desempenho individual, levando, com isso, ao aumento do desempenho organizacional. O *role-playing* estimula o lado lúdico: aprende quem faz, aprende quem assiste, e vale para a qualidade de vida. Pode-se contratar profissionais de teatro ou fazer com que a equipe construa um roteiro próprio e o encene.

Oficinas de trabalho

A palavra-chave de uma oficina de trabalho é construção coletiva ou compartilhada. É a soma das inteligências, das *expertises* em prol de um objetivo. Quando grupos com interesses afins se reúnem para construir projetos, programas, documentos, ou seja, um produto final, temos aí uma oficina de trabalho. Uma reunião de planejamento de diretoria para gerar um documento de políticas e diretrizes de RH ou um código de ética, por exemplo, é uma oficina. As oficinas podem ser mediadas ou orientadas por pessoas que possuam os domínios estratégicos, técnicos ou complementares ao tema em questão.

Benchmarking

Há duas modalidades de *benchmarking:* o externo e o interno. O *benchmarking* externo é uma técnica de visita a outra(s) empresa(s) e observação dos processos e experiências ali vivenciados, com o propósito de aprendizagem e adaptação das práticas corporativas (*customização*). Visa à identificação das melhores e piores práticas, para que não "reinventemos a roda". Para ser efetiva, essa metodologia requer roteiro preparatório para compreensão do diagnóstico. Antes de visitar outras organizações, devemos estipular, de maneira precisa, os objetivos do *benchmarking* (que informações e conhecimentos desejamos colher externamente e divulgar internamente), o cronograma e um plano de divulgação dos resultados, de modo a não se tornar uma perda de recursos financeiros e de tempo.

A grande vantagem do *benchmarking* externo é que ele amplia a visão de quem realiza a visita e, depois, de todos os funcionários que têm acesso aos novos conhecimentos advindos das melhores práticas de outras empresas. Aliás, o grande desafio dessa metodologia reside na gestão do conhecimento, dado que o que foi visto e registrado por algumas poucas pessoas deve ser depois repassado ao todo da organização por meio de encontros, tais como *workshops*, seminários, entre outros.

Participação em projetos

É uma técnica que parte da orientação para a elaboração e implementação de um projeto, e exige estudo, reflexão, capacidade para interpretar e projetar cenários futuros (Boog, 1999:274). Em geral, parte-se de uma necessidade da própria empresa e, portanto, de algo aplicável. É muito utilizado hoje no ambiente empresarial, não só pelo baixo custo, mas por promover o pensamento sistêmico e reforçar a visão compartilhada. Também chamado de *project-based learning*, é um método de aprendizagem em que os funcionários de vários departamentos ou áreas se envolvem com tarefas e desafios para construir um projeto e resolver um problema, por um tempo determinado. Por isso, muitas vezes os projetos ganham uma conotação de força-tarefa. Nesse processo, as pessoas ganham atribuições temporárias interessantes e desafiadoras, lidam com questões transdisciplinares, desenvolvem o senso prático, o raciocínio lógico e a criatividade, tomam decisões e agem em equipe. A participação em projetos agrega alinhamento e informação/conhecimento a todos os que deles participam, promove a atuação focada e articulada e o intercâmbio de ideias e conceitos com a observação do ponto de vista do outro.

Comunidades de prática ou comunidades de interesse

São grupos que se reúnem voluntariamente para partilhar informações sobre experiências, ideias, vivências e melhores práticas, voltados para a solução de problemas e melhoria de processos, com a finalidade de ampliar conhecimentos e aprimorar competências. Nas comunidades de prática existe a conveniência da informalidade, há maior fluidez na troca, e maior integração dos participantes voluntários. Segundo Jefferson, Pollock e Wick (2011:252), programas de capacitação de todo tipo podem se beneficiar do

> conhecimento e da experiência da coletividade dos participantes ao incentivar aprendizagem compartilhada por todo o processo.

Relacionamentos de apoio entre colegas são particularmente eficazes no período de transferência de aprendizado.

Jogos (games)

Jogos são construtivos, divertidos, e levam ao aprendizado por consequência. O aprendizado baseado em jogos (ou *game-based learning*) é aquele que aposta no uso de jogos para apresentar o conteúdo de uma forma mais interessante, motivar as pessoas, desenvolver sua criatividade e acompanhar seu desempenho. Em uma matéria da revista *Forbes* de março de 2014, foram explicados os motivos pelos quais vale a pena lançar mão de video games no processo de ensino/aprendizagem: a) video games desenvolvem o pensamento crítico, ensinam habilidades para solucionar problemas e perseverança, enquanto constroem habilidades meta cognitivas; b) o aprendizado baseado em jogos pode proporcionar um ensino voltado para a solução de problemas com criatividade em vez de uma simples memorização, tudo isso de forma facilmente replicável, em escala e acessível; c) os jogos podem nos mover em direção a uma cultura de motivação, autorreflexão e interação mais consciente com o mundo.

O *game-based learning* faz parte de uma tendência mundial intitulada *edutainment*: a união entre educação e entretenimento (*education* + *entertainment*). O *edutainment* tem sido cada vez mais utilizado entre adultos por considerar importantes pontos sobre memória humana e aprendizagem: "a atenção é essencial, mas limitada; as emoções importam; histórias permanecem; conexões também são positivas; aprendizagem requer reflexão" (Jefferson, Pollock e Wick, 2011:131).

Gincana

É uma ação que estimula a disciplina "maestria pessoal" da organização de aprendizagem, no sentido de sermos melhores como seres humanos, como tratado por Senge (1999). Ela desenvolve o senso de grupo, o lado de solidariedade, do coletivo. A gincana não desenvolve competência; ela apenas desperta, estimula, sensibiliza o funcionário para competências como trabalho em equipe, planejamento, iniciativa, criatividade, liderança, empatia etc.

Teal

É a sigla para treinamento experiencial ao ar livre. É o treinamento *outdoor*, vivencial, fora da empresa, uma tendência recente e cada vez mais adotada nas organizações em todo o mundo. Como a dramatização, as gincanas e os jogos, desperta para a importância de competências comportamentais. Ocorre ao ar livre e inclui desafios de superação que geralmente são levados a cabo por equipes para fortalecer trabalho em equipe, espírito colaborativo, liderança, planejamento, autoconfiança, autocontrole. Sua utilização é potencializada quando não só funcionários são envolvidos – mas também fornecedores, parceiros, distribuidores e clientes.

Cine pipoca

O cine pipoca consiste na realização de sessões de cinema durante o período de trabalho, com o objetivo de despertar o empregado para temáticas e competências importantes para a organização, propiciar integração e lazer. A maior parte das pessoas gosta, é uma metodologia de baixo custo e que aguça o sentido não só da visão, mas também do paladar, uma vez que pacotes de pipoca são dados aos funcionários. Geralmente um cine pipoca é seguido de um debate entre os empregados presentes, mediado por uma pessoa com conhecimento da narrativa e domínio sobre as temáticas apresentadas, para que *insights* produtivos e relevantes possam ser gerados e expressos verbalmente, gerando a importante massa crítica que citamos anteriormente.

Educação a distância (EAD)

Quando pensamos em EAD, instantaneamente vem à nossa mente a ideia de *e-learning*; no entanto, a EAD não se limita a essa modalidade; ela ocorre por meio de diversas soluções, com o objetivo de atingir um determinado público-alvo. A educação a distância surgiu já faz algumas décadas no Brasil. Cursos por correspondência – de formação de técnicos em hidráulica, em informática, formação de detetives etc. – com apostilas e outros materiais didáticos, como fitas cassete, e depois CDs, fizeram parte do nosso imaginário educacional hegemônico por anos. O Telecurso Segundo Grau é outro exemplo histórico dos primórdios da educação a distância. A seguir, listamos as modalidades mais comuns de EAD.

E-learning

Realizado por meio de plataformas educacionais em intranet ou internet. Denominado também "treinamento virtual", é a capacitação feita por meio da internet ou de uma intranet consolidada na empresa. Há duas modalidades de *e-learning*: pode ser síncrono, quando a transmissão é feita na hora, com a pessoa assistindo no computador, ou assíncrono, quando a pessoa localiza e assiste a qualquer hora, no *site*, ao programa de capacitação. O *e-learning* costuma integrar várias mídias (voz, vídeo e texto), e não é fácil montar um sistema eficiente. Segundo Pacheco e colaboradores (2009), ele inclui a gestão pedagógica e administrativa da plataforma ou ambiente educacional por uma equipe multidisciplinar, composta por *designers* instrucionais, pedagogos e monitores (tutores).

Estudiosos de tendências na área de educação preveem que entre quarto e cinco anos, com o desenvolvimento e apropriação de softwares, as empresas terão o *e-learning* de tal forma capilarizado e *customizado* que cada empregado terá seu ambiente pessoal de aprendizagem, formado por uma coleção pessoal de ferramentas montada para apoiar seu próprio aprendizado. A lista será organizada de forma independente, focada em objetivos individuais.

Capacitação no deslocamento para o trabalho

Uma ideia interessante em educação à distância é quando a organização aproveita o tempo de deslocamento casa/trabalho e trabalho/casa dos empregados para realizar ações de capacitação. Empresas que disponibilizam ônibus mais confortáveis para buscar e levar em casa seus funcionários podem alocar ali instrutores, apoiados ou não por recursos audiovisuais, como monitores de TV, para transmitir conteúdos por texto, imagens, filmes.

Acesso à internet

Uma tendência atual que vem se fortificando é a procura das pessoas pelos chamados MOOC (*massive open online courses*). São cursos *online*, gratuitos e em grande escala. Significa um portfolio de cursos virtuais dados de graça pela web e que costumam atrair milhares de alunos. Os exemplos mais recentes são o Coursera, OCWC, TED, Veduca e o edX, cursos de autoinstrução no ambiente da internet.

Blended learning

É o termo em inglês para ensino híbrido, aprendizagem híbrida ou mista. É a combinação de aprendizado *offline* e *online* dentro da sala de aula, unindo os benefícios dos métodos tradicionais de ensino com os da utilização de ferramentas tecnológicas educacionais. Ao pensar nesse modelo, a liderança deve se perguntar: "qual é o comportamento e, portanto, o impacto nos negócios que pretendo alcançar? Quais combinações atendem a estes objetivos? Como isso poderia ser mensurável?" Para os executivos da empresa, essas são algumas questões que devem ser respondidas antes de decidir quais tecnologias implementar num *blended learning*. Podemos trazer algumas ponderações interessantes de Jefferson, Pollock e Wick (2011:126) sobre o *e-learning* para pensar a montagem de um *blended learning*. Os autores argumentam que

> assim como o ensino em uma sala de aula, o ensino à distância engloba uma ampla gama de abordagens e técnicas que vão de altamente envolventes e instrutivas, a entediantes, tolas e ineficientes.

O que inferimos dessas palavras é que devemos utilizar a tecnologia muito cautelosamente como um meio, e não como um fim; um meio que possa levar a uma aprendizagem realmente eficiente. Para os autores, tanto jogos quanto simulações, por exemplo, podem ser eficientemente entregues *online* ou presencialmente. "Avanços contínuos na tecnologia de computadores tornam possível criar jogos *online* e simulações altamente sofisticados e interativos" (Jefferson, Pollock e Wick, 2011:126). Assim, o importante na concepção do *blended learing* é que ele seja cuidadosamente planejado e gerenciado, com conhecimento das vantagens e desvantagens de cada metodologia, de suas possibilidades e limites, e de suas complementaridades, seguindo *sempre* a premissa de que a forma e o estilo nunca se sobreponham à substância.

A relevância da cultura interna e do comprometimento

Para finalizar, vale reforçar a questão do contexto organizacional: as metodologias não farão milagre se não existir uma cultura interna favorável ao aprendizado contínuo e comprometida com as mudanças na organização. A chamada variável ambiental, ou seja, a cultura, formada pelos modos de pensar, sentir e agir consolidados em uma empresa, é crucial no processo de desenvolver uma organização convergente com as características da era do conhecimento.

Outro fator relevante é o total comprometimento dos líderes ou gestores com o desenvolvimento dos seus funcionários e seu apoio incondicional ao processo de ensino/aprendizagem de sua equipe, antes, durante e após os programas de capacitação. A parceria dos líderes com a área de aprendizagem e desenvolvimento de pessoas é fundamental para que a aprendizagem dos empregados se consolide para além das paredes e limites da sala de aula. Como corroboram Davel e Vergara (2012:5), "a gestão de pessoas não está adstrita a um departamento, sendo função de todos os gestores da organização considerada". É por isso que aumenta a cada dia a importância do líder-mentor nas organizações.

Critérios de seleção de metodologias: análise de custo/benefício

Vimos que são várias as metodologias ao alcance da área de gestão de pessoas para o planejamento e execução das ações de C&D. Ocorre que a escolha dessas metodologias nos projetos e programas não deve ser aleatória. Pelo contrário, é necessário analisar e identificar, entre as diversas metodologias disponíveis, aquelas que melhor atendem à realidade da empresa e quais os resultados, em termos de melhoria de performance, que se deseja alcançar, uma vez que as ações de ensino/aprendizagem não podem estar distanciadas das necessidades estratégicas da organização. A escolha de cada metodologia deve ser fundamentada, deve fazer sentido para os rumos da organização.

Obviamente, nesse processo de contribuir para o sucesso da estratégia empresarial, a área de aprendizagem e desenvolvimento de pessoas irá pesar não só se os princípios da andragogia estão sendo contemplados nas metodologias escolhidas como também uma série de outras variáveis que influem diretamente no custo/benefício das mesmas. Assim, alguns critérios a serem observados com atenção na decisão quanto às metodologias a serem utilizadas são os seguintes:

❑ objetivos da aprendizagem – é necessária uma definição clara dos objetivos a serem atingidos. Só assim o processo de ensino/aprendizagem pode ser consistente. Quem atua na área de C&D deve questionar sempre a motivação – "o motivo para a ação" – dessa ou daquela ação de desenvolvimento de pessoas. As perguntas a serem respondidas neste critério são: "quais objetivos de aprendizagem que cada método permitirá atingir de forma mais plena?" e "O objetivo é despertar os funcionários, inicialmente, para a importância de sua participação ativa em uma determinada capacitação, tocando seu emocional/racional para o fato de como ela será um diferencial em sua empregabilidade e progressão na carreira?";

❑ perfil dos participantes, da audiência ou do público-alvo – é o levantamento de informações sobre o conjunto de características dos participantes (nível do cargo ocupado, personalidade, demandas no trabalho, *gaps* de competências). Elas também interferem sobremaneira na escolha das metodologias dentro do desenho de um processo de aprendizagem. Perguntas, dentro deste critério, são: "estaremos canalizando nossas ações para técnicos, analistas ou gestores?"; "Qual o número de funcionários a serem capacitados?"; "Qual o seu nível atual de capacitação?"; e "Quais as diferenças individuais entre os funcionários?" Essa análise tem implicação direta não só na escolha das metodologias como também no tipo de linguagem – verbal e corporal – a ser utilizada;

❑ recursos disponíveis – a empresa deve analisar sua própria infraestrutura presente. Existe alguma barreira tecnológica? A empresa está pronta e pode oferecer apoio na aplicação de soluções (metodologias) combinadas, e com a periodicidade (constância) convergente com o paradigma da educação continuada? Para o desenho dos projetos e programas, é necessário avaliar a demanda das diversas tecnologias, que vão das mais simples, como a exigência de apenas um quadro e *flip-chart* com alguns instrutores e palestrantes, às mais complexas, como equipamento multimídia, computadores conectados em rede, equipamento para videoconferências, entre outros. Outro tipo de recurso a ser considerado é o tempo. A resposta à pergunta que a organização deve fazer a si própria – "em quanto tempo devo capacitar e desenvolver X pessoas nas competências Y e Z?" – é uma variável importante na escolha das metodologias. Na questão do tempo, também devem ser considerados aspectos de quantidade e qualidade das informações. Não custa lembrar, porém, que trabalhar estrategicamente a área de capacitação é trabalhar com o curto, o médio e o longo prazos, tendo sempre em mente que algumas pessoas podem levar mais tempo para serem capacitadas e desenvolverem efetivamente competências do que outras. É a onipresente questão da subjetividade humana. Não cabe aqui, mais uma vez, o imediatismo do treinamento, porque ele é falso, dado que ninguém desenvolve competência num tempo exíguo, ou simplesmente após algumas ações de treinamento;

❑ investimento – toda organização tem um orçamento (ou *budget*, em inglês) para o desenvolvimento de pessoas, visto que toda empresa é composta de recursos finitos. Desse modo, há de se compatibilizar a disponibilidade orçamentária com o(s) tipo(s) de metodologia a ser(em) aplicado(s). A decisão por certas metodologias estará diretamente relacionada à estimativa da relação custo/benefício do programa, ou seja, quanto o programa vai gastar e o que proporcionará, a seguir, em termos de retornos ou benefícios à organização.

Nesta seção, como você deve ter percebido, leitor, mostramos que as metodologias devem ser não só variadas, mas, principalmente, adequadas. É a escolha correta delas, ou do *mix* das metodologias, que aumentará a possibilidade de engajamento emocional e intelectual por parte dos participantes e, consequentemente, a aquisição de novos conhecimentos e habilidades, além do desenvolvimento de novos comportamentos. Segundo Meister (1999:129), "a experiência em educação indica que aprendemos 20% do que vemos, 40% do que vemos e ouvimos, e 70% do que ouvimos e fazemos", daí a enorme importância da combinação das metodologias mais pertinentes para os objetivos específicos. Para criar uma verdadeira organização de aprendizagem, aquela em que existe abertura ao erro e em que se aprende com eles, é necessário fazer experiências com uma variedade de ferramentas educacionais no ambiente de negócios.

A área de RH – contemporaneamente denominada gestão de pessoas ou, ainda mais recentemente, "gestão *com* pessoas" (Davel e Vergara, 2012) – parte da premissa equivocada de que, para um processo de C&D efetivo, é necessário gastar muito dinheiro, quando a grande verdade é que os processos de C&D exigem criatividade, clareza nos objetivos de aprendizagem, metodologias até mesmo sem custo (ou de custo baixíssimo), a consciência de que o indivíduo aprende de várias formas, como vimos – pela fala, pela audição, pela visão, pelo olfato, pelo paladar, pela repetição de modelos –, e a adequação ao público-alvo.

Além disso, as metodologias devem atuar em sinergia, em uníssono, reforçando os mesmos conteúdos e mensagens por meio de várias mídias. Estudos revelam que, quando um mesmo conteúdo ou mensagem é trabalhado de formas diferentes, as possibilidades de retenção da informação e aprendizagem aumentam exponencialmente; isso porque o reforço acontece pela ativação de diferentes dimensões humanas de aprendizagem.

Formação de multiplicadores de conhecimento

Uma das formas contemporâneas de desenvolver funcionários de uma organização tem sido o envolvimento deles nos processos de ensino/aprendizagem: funcionários detectados com o perfil de instrutores, ou melhor, de multiplicadores do conhecimento, recebem uma capacitação específica para se tornarem multiplicadores internos de conhecimento. Desse modo, eles podem contribuir sobremaneira para o círculo virtuoso de evolução contínua da espiral do conhecimento de uma verdadeira organização de aprendizagem, um sistema em que "inovação, risco e transgressões" (Davel e Vergara, 2012), ou seja, aspectos importantes da subjetividade humana, são bem-vindos.

O programa de formação de multiplicadores do conhecimento (MCs) é direcionado a funcionários que tenham vontade, predisposição e talento para desempenhar essa função paralelamente às suas atividades rotineiras em seus cargos, compartilhando seus conhecimentos e experiências em encontros, geralmente pré-agendados, seja por meio de palestra, *benchmarking*, seminário, *workshop*, curso ou outros. Em outras palavras, o grande pilar ou a essência de um programa de formação de MCs repousa na valorização e no reconhecimento do conhecimento, ensinamentos, posturas e experiências individuais, visando, sempre, ao aproveitamento de todas essas dimensões para o desenvolvimento do todo organizacional, do coletivo.

Entre os pontos positivos e benefícios de um programa de formação de multiplicadores internos de conhecimento, ressaltamos:

❏ o reconhecimento dos talentos internos – com este programa, parte-se da premissa de que aprendizagem e desenvolvimento de pessoas não são searas exclusivas de consultores externos à organização, muito pelo contrário. Parte-se do ponto de vista de que pessoas do próprio corpo funcional, que tenham paixão e competências técnicas e relacionais para compartilhar conhecimentos e vivências, adquiridos dentro ou fora da empresa, podem ser identificadas pela organização para se tornarem frutíferos multiplicadores do conhecimento;
❏ a fortificação do sentimento de cidadania corporativa – quem capacita se sente ainda mais corresponsável pelo desenvolvimento e sucesso da organização, orgulhando-se de trabalhar nela e reforçando seu sentimento de pertencimento. Também os próprios funcionários que recebem a capacitação ficam motivados por verem seus "colegas de empresa" assumindo posições de destaque no desenvolvimento do capital humano organizacional. Eles vislumbram em seus instrutores pessoas que conhecem a cultura e o contexto da organização em que trabalham, aumentando a aceitação dos temas e dos conteúdos tratados. Os MCs são diferentes dos docentes gaivotas, fenômeno detectado por David Ulrich, consultor e professor da University of Michigan School of Business: "um corpo docente que apresenta casos e conceitos em sala de aula para os funcionários internos. Esses professores chegam, demonstram toda a sua sabedoria e vão embora" (apud Meister, 1999:50);
❏ baixo custo nas ações de capacitação e desenvolvimento de pessoas – uma vez que a disseminação de conhecimentos,

informações e atitudes é feita por integrantes do próprio corpo de funcionários, a tendência é que o valor dos investimentos em C&D sejam reduzidos. E posto que essas ações, por parte dos MCs, acontecem de forma periódica – ao menos nas organizações que consideram a área de C&D de fato essencial para a concretização de sua visão, objetivos e metas estratégicos, como vimos no capítulo 2 –, há um estímulo frequente ao desenvolvimento de competências;

Como multiplicador interno, o funcionário passa de detentor a disseminador do conhecimento. É preciso preparar os multiplicadores para os ensinamentos. Partindo dessa premissa, Caires (2010) identifica o perfil ideal de um MC: uma roda, conforme a figura 4, em que oito habilidades são apresentadas de forma esquemática, facilitando assim a identificação e a compreensão das mesmas.

Figura 4
MODELO DE EFICÁCIA DO MULTIPLICADOR

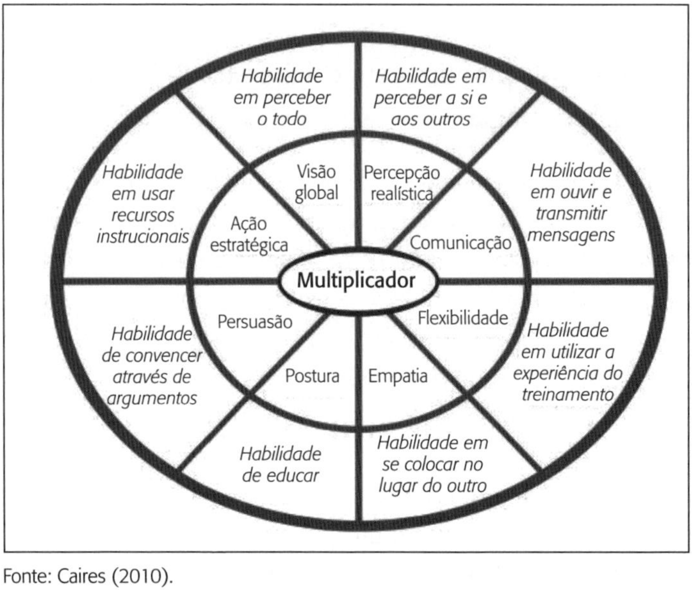

Fonte: Caires (2010).

Um fenômeno digno de nota explicitado por Meister (1999) é o crescente envolvimento de líderes (gerentes) e da presidência como multiplicadores do conhecimento. A autora cita como exemplo a empresa TVA, em que aproximadamente 700 gerentes de nível médio e superior participam de um rigoroso processo de credenciamento para se tornarem instrutores. Surpreendentemente, até mesmo os presidentes (os CEOs) estão cada vez mais ativos nesse processo. Meister (1999:51) cita uma pesquisa – a Annual Survey of Corporate University Future Directions – com a revelação de que o CEO passa um dia por mês facilitando a aprendizagem em sua organização. Esse envolvimento com os funcionários no processo de ensino/aprendizagem inclui "participar de *workshops*, orientar os novos funcionários em relação à missão, valores e visão da organização, e facilitar os programas de liderança dos gerentes de nível superior". É o CEO disposto a dar o exemplo, assumindo o papel de diretor de aprendizagem, promovendo a cultura da aprendizagem contínua e ajudando a transformar a organização.

Ambientes de aprendizagem colaborativa e informal por meio da tecnologia

O acelerado avanço tecnológico evidenciado nas últimas décadas tem impactado profundamente a forma como vivemos. Em especial, a evolução na tecnologia da informação e comunicação (TIC) tem promovido sensíveis mudanças no comportamento das pessoas e na forma como convivem, trabalham, divertem-se e, sem dúvida alguma, na forma como aprendem. Os avanços proporcionados pela web, por exemplo, viabilizaram o surgimento do teletrabalho (De Masi, 2003) e das equipes virtuais, bem como a criação das redes sociais e comunidades virtuais, de modo a possibilitar que pessoas que compartilham interesses ou afinidades pudessem estabelecer conexões, trocando conteúdos, opiniões, experiências e, até mesmo, construindo conhecimentos a partir de suas interações.

Obviamente, a internet e seu vasto leque de canais e aplicações tiveram e têm influência nas ações de aprendizagem e desenvolvimento realizadas pelas organizações. Essa área não poderia ignorar uma nova realidade denominada ciberespaço, considerado por Lévy (1999) o principal canal de comunicação e suporte de memória da humanidade nos tempos atuais. O ciberespaço é um ambiente de interatividade e cocriação, em que as trocas acontecem de maneira menos estruturada e mais espontânea, elementos que caracterizam a aprendizagem dita informal e colaborativa.

A aprendizagem informal (ou *informal learning*) é aquela que se dá por meio da busca espontânea, geralmente não planejada, no momento mais conveniente e por meio de fontes variadas, com a finalidade de ampliar o conhecimento sobre um determinado assunto, sem a necessidade de controle, tutoria ou avaliação. Profissionais podem aprender informalmente, não apenas por meio do acesso à web, mas também através da execução de tarefas, pela observação de um processo, por meio do convívio com um mentor, por conversas com pares, colegas, clientes ou outros agentes relacionados ao trabalho, por imitação, tentativa e erro, entre outras inúmeras formas, em geral ligadas à experimentação. Na aprendizagem formal, temos a figura do professor (ou eventualmente de um sistema eletrônico de tutoria) responsável por direcionar o aprendizado. Esse agente busca transferir informações sobre conhecimentos de maneira formal e estruturada, tomando por referência objetivos educacionais previamente determinados e um processo de ensino devidamente estruturado.

Paralelamente, a aprendizagem colaborativa (ou *crowdlearning*) pode ser definida como o processo por meio do qual os integrantes de um grupo, ao aprofundarem um determinado assunto de interesse mútuo ou desenvolverem um determinado trabalho, constroem novos conhecimentos por meio da colaboração, potencializando a aprendizagem de todo o grupo com relação àquele determinado tema. A aprendizagem colaborativa vem se consolidando como uma abordagem efetiva para o desenvolvimento dos profissionais, especialmente no ambiente dinâmico em que estão inseridas as organizações. É importante atentarmos para a distinção entre aprendizagem cooperativa e aprendizagem colaborativa. Na cooperação, os participantes repartem o trabalho, desenvolvem individualmente as tarefas designadas a cada um, e integram essas partes ao final, consolidando um todo. Já na colaboração, o desenvolvimento é realizado de forma conjunta, por meio da descoberta, exploração, debate e construção conjunta do aprendizado (Stahl, Koschmann e Suthers, 2006).

É importante ressaltar que a conjunção desses dois conceitos – aprendizagem informal e colaborativa – não constitui uma metodologia propriamente dita. Na verdade, é dentro dos ambientes de aprendizagem informal e colaborativa, viabilizados pelas tecnologias de informação e comunicação (TICs), que existem várias ferramentas, práticas, metodologias – muitas das quais já vistas por nós na primeira seção deste capítulo. Além das questões que concernem ao uso da tecnologia, é preciso ter sempre em mente que a aprendizagem colaborativa tem como premissa a socialização. Sendo assim, a criação de um ambiente motivador, que estimule a construção e a descoberta de novos saberes em conjunto, é também um importante propulsor para aprender de forma colaborativa.

A aprendizagem informal e colaborativa em ambientes fomentados pela tecnologia, assim, é o produto das interações informais entre o funcionário e seus colegas de trabalho, da troca de experiências e vivências, das redes de diálogo que se estabelecem informalmente dentro das empresas – com destaque para os *blogs* e *chats* na intranet, ou em redes sociais como o Facebook e Twiter. As organizações não olham para o aprendizado informal como deveriam. Elas investem grandes somas em treinamentos formais, confinam as pessoas em sala de aula, esquecendo-se de que 80% do aprendizado dos indivíduos acontece de modo informal, em suas interações cotidianas, em redes de relacionamento, compartilhando dificuldades técnicas e relacionais, questões, dúvidas e dilemas.

As empresas, cada vez mais, têm aplicado soluções de aprendizagem colaborativa suportada por computador (CSCL, ou *computer-supported collaborative learning*), que parte da mesma premissa da construção social do conhecimento e dispõe de recursos informáticos para serem usados como mediadores do processo de ensino/aprendizagem. Isso é de grande pertinência na contemporaneidade, na medida em que as vertiginosas mudanças no mundo vêm obrigando pessoas em todo o globo a lutar incessantemente contra sua obsolescência profissional. De acordo com Abbad e Borges-Andrade (2004:268), "indivíduos isolados dificilmente serão bem-sucedidos em suas tentativas de se manter empregáveis, atualizados e criativos. Os profissionais estão cada vez mais dependentes de equipes multidisciplinares para a produção de novas ideias" – ou para a resolução de problemas na organização. Listamos, a seguir, algumas práticas de aprendizagem informal e colaborativa possíveis em ambientes tecnológicos:

❑ a disseminação por toda a organização de informações e conhecimentos provenientes de *benchmarking* externo – dissemos que um dos desafios dessa metodologia de visita a outras organizações é a gestão do conhecimento, uma vez que apenas algumas poucas pessoas observam e anotam o que viram em outras empresas. Com uma intranet corporativa, é possível a explicitação, sistematização e compartilhamento do que foi ouvido por poucas pessoas em uma rede virtual, de modo que o conhecimento não fica retido ou "confinado" em algumas poucas "cabeças". Com ferramentas digitais colaborativas, funcionários de certos departamentos podem alertar outros sobre a pertinência das informações coletadas em um *benchmarking*;

❏ comunidades de prática – um caso brasileiro de comunidade de prática virtual é o da Justiça Eleitoral. Uma plataforma foi construída para que centenas de servidores públicos espalhados por todo o país, de norte a sul, e, portanto, fisicamente distantes, pudessem trocar informalmente informações sobre suas dificuldades, problemas, assim como soluções encontradas. Sem dúvida alguma, podemos considerar essa comunidade de interesse uma das modalidades do *crowdlearning*: a busca colaborativa por conhecimento – em que pessoas com interesses comuns se reúnem de forma virtual (ou não) para compartilhar o que sabem e criar momentos de aprendizagem informal. Segundo Abbad e Borges-Andrade (2004:266):

> As comunidades que se formam em torno de objetivos comuns [...] podem ter seus integrantes espalhados pelo planeta. Grandes bancos de informações, sistemas eletrônicos inteligentes de mineração de informações que facilitam a organização e a seleção de informações relevantes, bem como os recursos avançados da internet, que possibilitam o contato síncrono e assíncrono entre pessoas de diferentes países, organizações e culturas, podem, se bem utilizados, estabelecer condições propicias à aprendizagem ativa, contínua e colaborativa;

❏ *crowdsourcing* – significa construção colaborativa. É um modelo de geração e produção do conhecimento que utiliza a inteligência e os conhecimentos coletivos para resolver problemas, criar conteúdo e soluções ou desenvolver tecnologias. Ele alavanca o conhecimento coletivo que já existe dentro das organizações. Tem como grande vantagem estimular o aporte de *expertise*, ideias individuais, conhecimentos tácitos e explícitos, gerando sentimento de propriedade conjunta do produto, ou solução final pelo engajamento dos funcionários, uma vez que dá voz a um grupo mais amplo, intensificando o sentimento de cidadania corporativa ou de pertencimento à organização;

❏ uso de *blogs, chats,* Facebook, Twitter, Skype – a comunicação, a interação contínua e informal, a troca de informações e experiências não só são viabilizadas por essas ferramentas como também têm sua velocidade acelerada. Os *blogs* e *microblogs*, além de disponibilizar conteúdos específicos, permitem a interação e a contribuição dos visitantes. Werhmuller e Silveira (2012) ressaltam as oportunidades de aprendizagem informal existentes nas redes sociais. O fato de os usuários poderem compartilhar informações, de forma livre e espontânea, sem a necessidade de um tutor ou mediador, acaba por criar possibilidades ilimitadas para o aprendizado;

❏ webconferências (*webconferences*) – hoje a web permite a realização de conferências, transcendendo as tradicionais videoconferências e teleconferências;

❏ simulações e jogos – essas duas metodologias, tratadas na primeira seção deste capítulo, também podem ser utilizadas em ambientes mediados pela tecnologia, facilitando competições entre equipes virtuais.

Caro leitor: para o bem ou para o mal, as novas TICs vieram para ficar, e cabe aos gestores de aprendizagem e desenvolvimento de pessoas potencializar seus aspectos positivos em seus projetos e programas de capacitação. A boa nova é que essa paixão pela experiência com novos métodos de aprendizado contrasta significativamente com a ênfase do treinamento no passado. Para Meister (1999:48), o foco atual no uso de várias metodologias

> aponta para a ampliação da missão e do alcance da aprendizagem: identificar maneiras de a organização como um todo aprender continuamente ou, conforme afirma Peter Senge [...], "expandir continuamente a capacidade de a organização criar seu futuro".

Considerações finais

Neste capítulo, apresentamos a você um cardápio de soluções no processo de ensino/aprendizagem: metodologias e técnicas que, se combinadas com sensibilidade, inteligência e criatividade em projetos e programas, podem levar a organização a novos patamares de excelência, destaque no mercado, e competitividade. Descrevemos metodologias que não são, e nem podem ser, fins em si mesmas, mas meios para o despertar de novos conhecimentos, habilidades e atitudes em cada colaborador, imerso no desafio de renovação da realidade corporativa.

A seguir, trazemos algumas questões para você testar seus conhecimentos e fixar alguns conceitos importantes:

1. Quais são as principais metodologias que você utilizaria em um programa de formação de líderes em sua organização? E na formação de técnicos em panificação?
2. O que é um programa de multiplicadores internos de conhecimento e qual deve ser o perfil do facilitador na organização?

3. Quais são os critérios para a seleção de metodologias no processo de ensino/aprendizagem?
4. Com o advento das novas tecnologias de informação e comunicação, de que forma podemos estimular em nossas organizações uma aprendizagem colaborativa e informal?
5. Qual é o papel da liderança na potencialização da eficácia das metodologias que compõem os projetos e programas de C&D?

Agora, mais algumas questões para provocar sua reflexão:

1. Se o conflito de gerações pode se tornar cada vez mais um grande desafio, por que não colocar os sobrinhos ensinando aos tios e vice-versa? Com a coexistência das gerações X, Y e Z, como você trabalharia a questão do *mix* de metodologias de ensino/aprendizagem, de modo a contemplar as características de cada uma dessas gerações?
2. Se o orçamento é nosso calcanhar de Aquiles, por que não enfatizar a aprendizagem informal/colaborativa? O custo é próximo de zero, e a área de C&D só tem a ganhar com o efeito multiplicador dessa estratégia de diversificação.
3. Se nosso orçamento diminui a cada ano, por que não nos dedicarmos a convencer os executivos a serem consultores/multiplicadores internos? Eles conhecem o negócio mais do que qualquer outro consultor, e têm a vantagem de ter custo zero, concordam? Isso sem falar que, antes de ensinar, esses executivos têm que (re)aprender.
4. Se a mídia de C&D que mais cresce é o *mobile learning*, por que não pensarmos em utilizá-la em algumas capacitações de vendas (área de retorno mais rápido e mais significativo)?
5. Se você fosse o responsável por modelar um programa de *trainee* em sua empresa, considerando o perfil da geração

dos participantes, que metodologias escolheria para compor esse programa?

De posse do arsenal conceitual sobre metodologias, convidamos você, leitor, a conhecer, no próximo capítulo, tanto a essência quanto a estrutura do grande guarda-chuva estratégico da educação continuada: a universidade corporativa, na qual estão presentes todos os projetos e programas devidamente concebidos e compostos pelas metodologias que acabamos de estudar.

4

Educação corporativa

Dispor de empregados plenamente capacitados representa, hoje, uma das vantagens competitivas mais significativas para uma organização. Esses empregados serão capazes de efetuar uma leitura mais precisa dos movimentos do mercado, elaborar planos de ação mais efetivos, prover serviços e soluções mais consistentes para o cliente, e contribuir com sugestões para o aprimoramento contínuo dos processos internos.

Na busca por pessoas altamente qualificadas no mercado, as organizações se deparam com alguns entraves, como a inadequação do perfil dos profissionais mais experientes e o despreparo dos recém-formados pelas instituições de ensino tradicionais. Torna-se crucial, portanto, possuir meios para capacitar internamente os integrantes de suas equipes e assegurar que todos tenham as competências-chave para a execução bem-sucedida da estratégia empresarial.

Neste capítulo, discutiremos a ideação e a implantação de um sistema de educação corporativa, alinhado com as prioridades do negócio, como um recurso estratégico das organizações, transformando-as em verdadeiras organizações de aprendizagem e auxiliando-as na concretização de seus objetivos de curto, médio e longo prazos.

Inicialmente trataremos do novo papel da educação nas organizações, mais amplo e estratégico, uma vez que só ela será capaz de responder aos desafios da célere sociedade do conhecimento. Em seguida, serão abordados os objetivos de um sistema de educação corporativa, bem como as práticas que possibilitam alcançar esses objetivos.

Ao final deste capítulo, caro leitor, será possível perceber que a gestão da educação corporativa tornou-se um fator crítico na condução do negócio, tão importante quanto a gestão financeira, a gestão de tecnologia ou a gestão comercial, e que, sendo assim, deve ser exercida de forma efetiva e estratégica.

Educação corporativa e gestão do conhecimento

Como vimos até agora, o conhecimento é cada vez mais um recurso precioso, e, ao mesmo tempo, na sociedade atual, ele se tornou muito mais volátil. A velocidade com que o mesmo se amplia e se torna obsoleto tem imprimido transformações nos mais diversos contextos, por exemplo, nas relações sociais, nas ciências médicas, nos modelos de negócio, e até mesmo na forma como as pessoas estudam e aprendem. Vivemos um tempo que demanda um aprender contínuo (*life long learning*), ao passo que a estagnação se tornou a maior ameaça para organizações e para os profissionais.

Atualmente, a maior parte do valor intrínseco daquilo que se produz e se comercializa está no conhecimento. Este pode ser ofertado de forma tangível ou intangível, por exemplo, por meio de produtos com maior tecnologia, de serviços especializados, na personalização das soluções, na experiência vivenciada, e até mesmo no conforto e conveniência proporcionados aos clientes. Nesse ambiente em que o conhecimento se tornou a mais importante fonte de poder, um fator crítico de sucesso para as empresas passa a ser sua capacidade de atrair, desenvolver e reter profissionais detentores de conhecimento.

Ao tratar dos aspectos mais marcantes da era em que vivemos, Meister (1999:1-12) aponta cinco forças que sustentam as mudanças nos ambientes de negócio das organizações e seus impactos sobre o mundo do trabalho:

- organizações flexíveis – a emergência da organização não hierárquica, enxuta e flexível, com capacidade de dar respostas rápidas ao turbulento ambiente empresarial;
- era do conhecimento – o advento e a consolidação da economia do conhecimento, na qual este é a nova base para a formação de riqueza nos níveis individual, empresarial ou nacional;
- obsolescência do conhecimento – a rápida redução do prazo de validade do conhecimento associada ao crescente sentido de urgência;
- empregabilidade – o foco na empregabilidade para a vida toda, no lugar do emprego para a vida toda; e
- transformação na educação global – mudanças fundamentais no mercado da educação em geral, evidenciando a necessidade de formar pessoas com visão global e perspectiva internacional de negócios.

Com o acelerado ritmo das mudanças, a capacidade de se reinventar por meio do aprendizado se tornou uma questão de sobrevivência e, por consequência, a disciplina da gestão do conhecimento passa a ter relevância estratégica para as organizações. Cherman (2012:61) define a gestão do conhecimento como um esforço intencional e coordenado, por parte da gestão da organização, para coletar e gerenciar os ativos de conhecimento de modo a disponibilizá-los onde eles são realmente necessários, utilizá-los em suas atividades e maximizá-los em sua própria recriação.

Nonaka e Takeuchi (1997) estabelecem uma correlação entre a capacidade de criar conhecimento e a geração de vantagem competitiva na organização, conforme ilustra a figura 5. Essa correlação tem como elemento de ligação a instituição de um processo de inovação contínua, muito relevante em meio à competição acirrada e global que caracteriza o atual ambiente de negócios.

Figura 5
CRIAÇÃO DO CONHECIMENTO E VANTAGEM COMPETITIVA

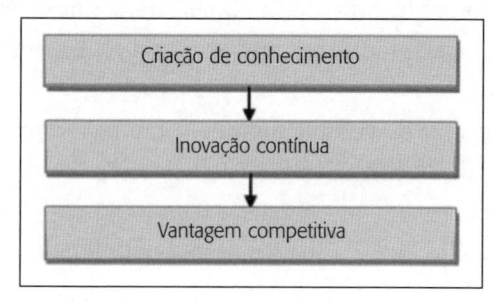

```
Criação de conhecimento
        ↓
Inovação contínua
        ↓
Vantagem competitiva
```

Fonte: adaptada de Nonaka e Takeuchi (1997).

Na medida em que existam processos estruturados para a criação, disseminação e a aplicação de novos conhecimentos entre os empregados, torna-se possível fomentar o processo de inovação: a) para dentro da organização, na busca pela máxima efetividade dos processos; e b) para fora da empresa, orientando esforços para a criação de novas soluções e futuros mercados nos quais a organização poderá atuar.

A educação corporativa (EC) surge como importante apoio à gestão do conhecimento. Podemos definir educação corporativa como um sistema composto pelo conjunto de práticas de aprendizagem, com a finalidade de desenvolver e alinhar competências humanas e empresariais, disseminar conhecimentos e informações, estimular a inovação contínua e promover o aperfeiçoamento organizacional.

Goulart e Pessoa (2009:100) afirmam que, por intermédio da EC, a empresa

> desenvolve um sistema educacional orientado para o alcance de seus objetivos, aprimorando seus relacionamentos internos e externos e colaborando para a formação do perfil do profissional do futuro, que garantirá sobrevivência e competitividade da organização.

Por meio de práticas de educação corporativa, é possível fazer com que profissionais-chave, detentores de conhecimentos relevantes para a organização, por exemplo, atuem como multiplicadores de conhecimento e sejam reconhecidos como formadores de talentos. Pode-se também transformar as salas de aula da empresa, sejam elas físicas ou virtuais, em laboratórios de inovação, em que o aprendizado é orientado para a solução de problemas reais da organização.

A educação corporativa tem condições de contribuir com o relevante desafio de transformar o conhecimento tácito de alguns empregados, sua experiência adquirida, em conteúdos tangíveis e explícitos, como apostilas, manuais, apresentações e cursos, possibilitando multiplicar o capital intelectual, outrora concentrado em poucos empregados.

Reflita conosco, caro leitor, que para assegurar o sucesso no longo prazo é necessário ter a capacidade de criar novas respostas para os novos problemas com os quais a organização venha a se deparar. Algumas empresas têm demonstrado adequada capacidade de incorporar novos modelos e adotar novas estratégias ao enfrentarem adversidades. Contudo, conforme vimos nos capítulos anteriores, ainda são poucas as organizações que podem ser consideradas legítimas organizações que aprendem (*learning organizations*), capazes de aprender e reinventar-se continuamente e orientar esse aprendizado para a ação, criando novos modelos e práticas que geram resultados efetivos.

Como vimos no capítulo 1, Peter Senge (2002) nos apresenta as cinco disciplinas que caracterizam as organizações que aprendem. Uma visão complementar à de Senge nos é trazida por David Garvin (2002:12), quando afirma que

> uma organização que aprende é uma organização hábil na criação, interpretação, transferência, e retenção de conhecimento, e também na modificação deliberada de seu comportamento para refletir novos conhecimentos e *insights*.

A definição proposta por Garvin nos leva a ponderar que todo o esforço de aprendizagem organizacional é efetivo somente quando direciona a organização para a adoção consciente e deliberada de novos comportamentos, que resultam em ações e respostas práticas aos desafios do cotidiano.

O mesmo autor nos aponta ainda cinco questões que constituem verdadeiras provas de fogo para sabermos se de fato está constituída uma organização que aprende, as quais são apresentadas a seguir:

- ❑ A empresa tem uma meta definida de aprendizagem?
- ❑ A empresa é receptiva a informações discordantes?
- ❑ A empresa evita erros repetidos?
- ❑ A empresa perde conhecimentos críticos toda vez que sai uma pessoa-chave?
- ❑ A empresa age com base naquilo que sabe? [Ibid., p.14].

Ter um modelo de educação corporativa consolidado na empresa pode trazer respostas consistentes às provas de fogo da aprendizagem organizacional. A EC tem condições de formar o alicerce para transformar a empresa numa organização que aprende.

Amparam-nos os ensinamentos trazidos por Senge (2002) e Garvin (2002) com relação às *learning organizations*, de maneira que podemos pensar em algumas práticas de valor em educação corporativa, como:

- estabelecimento de objetivos e metas de aprendizagem, alinhados aos objetivos e prioridades estratégicas da empresa;
- diagnóstico das principais necessidades de aprendizagem na organização, orientando os esforços de capacitação para as demandas estratégicas do negócio;
- executivos e profissionais-chave atuando como orientadores e professores, de modo a qualificar seus empregados e multiplicar conhecimentos críticos para o negócio;
- implantação de técnicas de aprendizado que tomam por referência casos reais vivenciados pela organização, ressaltando seus sucessos e fracassos, de modo a tirar o máximo proveito das experiências adquiridas;
- promoção de eventos de capacitação no formato de laboratório, possibilitando o nascimento de ideias e projetos capazes criar soluções reais que ampliem os resultados e a eficiência do negócio;
- criação de um espaço para a atualização contínua dos empregados, trazendo informações relevantes do mercado e promovendo o acesso às melhores práticas do momento, assegurando que todos estejam plenamente em linha com o que há de mais recente na gestão; e
- promoção da prática de *benchmarking* para desafiar continuamente os modelos aplicados pela organização e pulverizar para toda a organização práticas e movimentos dos atores de mercado que possam inspirar melhorias e inovações.

Por meio da adoção dessas medidas, a EC tem condições de atuar como pilar estratégico, contribuindo com a criação de uma organização que aprende, capaz de utilizar o conhecimento para se reinventar e para construir os caminhos futuros que lhe permitirão perenizar seu sucesso.

Alinhamento entre a estratégia e a educação corporativa

O alinhamento às demandas estratégicas do negócio é uma das principais marcas da educação corporativa e, ao mesmo tempo, é uma de suas principais distinções com relação à tradicional área de treinamento, cuja atuação, geralmente, se restringe a um escopo tático/operacional.

É fundamental tomar medidas para que as iniciativas da EC estejam alinhadas à estratégia organizacional, e para assegurar que todos os seus *stakeholders*, entre eles diretores, gestores, empregados e parceiros, percebam claramente esse alinhamento.

Uma pesquisa realizada por Gdikian e Silva (2002:73-78) em empresas brasileiras de destaque nas práticas de gestão de pessoas, abordando aspectos relacionados à educação corporativa, trouxe os seguintes resultados:

- das empresas pesquisadas, 84% indicaram que a estratégia, as diretrizes e as práticas de gestão de pessoas estão alinhadas ao negócio, o que favorece a atração e retenção de talentos;
- em 94% das empresas participantes do estudo, os programas educacionais estão alinhados às estratégias de negócio;
- cerca de 70% das empresas incentivam e subsidiam a participação de seus empregados em programas de MBA e pós-graduação;
- entre 60 a 70% adotaram múltiplos meios de aprendizagem (virtual e presencial) e estruturaram processos para criar oportunidades de aprendizagem contínua; e

❑ para as que implantaram uma universidade corporativa, esta se revelou uma solução para o alinhamento da aprendizagem com as estratégias empresariais.

Outros resultados nos chamam a atenção no estudo de Gdikian e Silva (2002:79-81) e evidenciam o espaço existente para o aprimoramento nos esforços da educação corporativa, ainda que numa amostra de organizações de destaque na gestão de pessoas. Vamos a eles:

❑ em apenas 49% das empresas pesquisadas, a alta administração está comprometida com o processo de educação corporativa;
❑ somente 24% das empresas participantes do estudo relataram que seus gestores assumem o papel de *coach* e docente responsável pelo processo de aprendizagem;
❑ em apenas 15% das empresas pesquisadas, os indicadores de resultados dos investimentos em EC estão vinculados aos resultados de negócio;
❑ somente 12% delas mensuram a melhoria obtida com a implantação de um sistema de EC.

Não há dúvidas de que a gestão efetiva da aprendizagem organizacional é um fator crítico de sucesso para o negócio e, ao mesmo tempo, é notório que na maior parte das organizações ainda há muito para evoluir nessa área.

Contudo, à medida que a educação corporativa se consolida como pilar estratégico, especialmente nas organizações de alto desempenho, amplia-se a expectativa de que as iniciativas voltadas à aprendizagem estejam todas fortemente orientadas para as prioridades estratégicas no negócio. Mais do que isso, espera-se que cada centavo investido no desenvolvimento dos empregados tenha seu retorno assegurado na forma de crescimento e resultados econômicos.

Objetivos da educação corporativa

Você deve ter percebido, caro leitor, que, ao longo dos capítulos deste livro, temos ressaltado, diversas vezes, a importância dos empregados altamente qualificados para as organizações. Também não é novidade para você o fato de que parece ser cada vez mais difícil encontrar esse perfil de profissional no mercado. Num mundo que muda aceleradamente, tanto a experiência acumulada pelos profissionais disponíveis no mercado quanto os diplomas de que dispõem nem sempre lhes conferem as competências requeridas pelas organizações. Além disso, a organização tem seus sistemas, práticas e cultura específicos, e precisa capacitar seus empregados para lidar com toda essa complexidade do ambiente de trabalho.

Torna-se essencial às empresas encontrar meios para gerenciar a aprendizagem organizacional, de modo a assegurar que todas as pessoas atuantes nas diversas posições da sua estrutura estejam preparadas para trabalhar com proficiência, motivação e alto desempenho. Surge, então, a educação corporativa, com o propósito de desenvolver continuamente as pessoas, para que possam ajudar a organização a executar seus planos estratégicos e a concretizar seus objetivos prioritários. Goulart e Pessoa (2009:105) afirmam que a educação corporativa deve ser pensada como "um processo capaz de gerar as competências necessárias para responder com agilidade às mudanças corporativas, sociais e ambientais".

Ao mesmo tempo, EC é também uma ferramenta poderosa para a disseminação da herança cultural da organização, capacitando os empregados para que possam compreender e vivenciar os valores da empresa.

Para Eboli (2004), a implantação de um sistema efetivo de educação corporativa permite à organização gerenciar de forma mais efetiva aos seguintes aspectos:

- viabilizar o processo de aprender a aprender e criar, trocar, mapear e reter conhecimentos que contribuam em termos de desenvolvimento organizacional e inovação;
- escolher adequadamente os métodos utilizados para implementar projetos inovadores planejados, compartilhando saberes e aprendizagens, com métodos de registro que garantam o resgate do conhecimento;
- assegurar que existam verbas orçamentárias alocadas em educação, e que elas sejam identificadas como bons investimentos, e não despesas;
- garantir e ampliar a aprendizagem e a gestão do conhecimento com práticas pedagógicas desenvolvidas de forma planejada, sistêmica e alinhada ao negócio;
- entender a necessidade de novas formas e canais de comunicação e de relacionamentos interpessoais, intergrupais e interorganizacionais;
- mudar sua concepção quanto aos treinamentos organizacionais pontuais e programas de treinamento e desenvolvimento (T&D) que se restringem a uma análise superficial e/ou fragmentada das necessidades organizacionais, desfocada do negócio;
- mapear as habilidades e competências da organização, identificando os perfis dos empregados sintonizados ao negócio organizacional e revelando a defasagem existente; e
- aprender de forma colaborativa, pois o conhecimento se forma nas relações e nas trocas produzidas no ato de transformá-lo em resultados produtivos.

Contudo, faz-se necessário observar que os esforços, muitas vezes pontuais e de amplitude tática/operacional pertencentes ao paradigma do treinamento descrito no capítulo 1, já não são suficientes para atender às demandas mais complexas da realidade atual. Muitos departamentos de treinamento ainda trabalham de forma reativa, atendendo aos eventuais pedidos pontuais realizados por alguns gestores ou promovendo cursos e palestras relacionados a modismos, desconexos dos verdadeiros desafios da organização.

Goulart e Pessoa (2009) recomendam que se faça um *mea culpa* com o propósito de identificar as falhas ainda existentes no processo de capacitação. As autoras afirmam que, na maior parte das empresas, os programas de desenvolvimento não são pensados como partes de um contexto em que ajudarão as empresas e as pessoas a fazerem a diferença. Os programas são muito bonitos no papel, mas, na prática, não fortalecem o capital intelectual e não adicionam real valor às estratégias de negócio.

São apresentados, a seguir, alguns dos pecados que poderíamos considerar imperdoáveis para uma gestão estratégica da educação corporativa, e que resultam em ações ineficientes, com as quais nos deparamos com mais frequência do que gostaríamos.

❏ Pecado 1 – encaminhar para capacitação somente as pessoas que têm tempo disponível. Geralmente, os legítimos talentos são as pessoas muito atarefadas na equipe, e muitas vezes os gestores não querem abrir mão de seus empregados mais produtivos. Esses profissionais diferenciados acabam por serem punidos por seu talento, na medida em que não podem aproveitar oportunidades de desenvolvimento. Em contrapartida, as salas de aula podem estar sendo preenchidas por profissionais que não fazem nem falta nem diferença. O retorno obtido a partir da capacitação de um profissional talentoso geralmente é exponencial. A oportunidade de desenvolvimento deveria ser, portanto, um prêmio por seu elevado desempenho.

❏ Pecado 2 – não avaliar os resultados dos esforços de educação corporativa. Programas de capacitação envolvem investimentos de tempo e dinheiro e, por isso, devem ser orientados para resultados. Durante o planejamento de um programa, é preciso ter em mente quais os resultados esperados; depois de sua realização, é fundamental monitorar os resultados obtidos. Tradicionalmente, a avaliação aplicada ao final de um programa de capacitação se restringe a perguntas que verificam a reação do participante ao programa, ou seja, se ele aprovou a iniciativa. A chamada avaliação de reação dos participantes é insuficiente para avaliar a eficácia de um programa. É necessário avaliar se os objetivos previamente estabelecidos foram efetivamente alcançados.

- Pecado 3 – dissociar o ambiente de aprendizado do ambiente de trabalho. Por vezes, o programa de capacitação, que tem por origem algumas demandas do ambiente de trabalho, é realizado por meio de conteúdos teóricos e eventuais estudos de caso dissociados do dia a dia dos participantes. Nesse ambiente educacional distante da realidade, o bom desempenho do participante em sala de aula não se reflete em ganhos de desempenho na função. Programas de capacitação consistentes devem levar em conta as características específicas do negócio, e devem estimular a aplicação prática dos conteúdos abordados no trabalho do participante.

- Pecado 4 – contratar somente facilitadores e instrutores externos. A presença de consultores externos é interessante na medida em que eles trazem novos conteúdos e ajudam a organização a romper velhos paradigmas já obsoletos. Contudo, grande parte do conhecimento sobre gestão já está dentro da organização. Ninguém melhor do que os executivos que ali trabalham para ensinar sobre como se cria valor dentro da empresa. Parte relevante do trabalho de um líder organizacional consiste em preparar novos líderes, e, para isso, é importante que ele se disponha a compartilhar conhecimentos, inclusive em sala de aula. A presença dos líderes organizacionais conduzindo programas de capacitação acaba por se tornar um forte estimulo para eles próprios e para os participantes.

❏ Pecado 5 – falta de comprometimento dos participantes do programa de capacitação. É fundamental conscientizar os empregados de que seu desenvolvimento é, antes de tudo, uma responsabilidade individual. Cada profissional deve se responsabilizar por seu capital intelectual, um dos ativos mais preciosos da atualidade. A partir dessa consciência, espera-se uma postura de comprometimento em relação às oportunidades de capacitação disponibilizadas pela organização. Cursos e treinamentos não devem ser encarados como momentos de lazer e recreação, dissociados do ambiente de negócios. Eles são um ambiente para a construção de competências de valor.

Estágios do desenvolvimento da educação corporativa

Apesar de inúmeras organizações ainda colocarem a aprendizagem organizacional em segundo plano, nota-se um considerável amadurecimento dos esforços de educação corporativa empreendidos no Brasil, especialmente pelas empresas que são líderes em seus segmentos, que vêm ampliando seus investimentos em sistemas de EC.

Na medida em que as organizações ampliam sua consciência com relação ao tema da aprendizagem, elas tendem a investir com mais intensidade e profundidade para migrar seus esforços de capacitação do operacional para o estratégico. Em outras palavras, migrar do paradigma do treinamento para o paradigma da aprendizagem permanente, conforme vimos no capítulo 1.

O quadro 5 nos proporciona um comparativo das características da educação corporativa operando nos estágios operacional, tático e estratégico.

Quadro 5
ESTÁGIOS DE DESENVOLVIMENTO DA EDUCAÇÃO CORPORATIVA

	Operacional	Tática	Estratégica
Papel da educação corporativa	Departamento de treinamento intensivo.	Espinha dorsal do conhecimento.	Fábrica do conhecimento.
Objetivos	Eficiência.	Alinhamento.	Vantagem competitiva.
Relação com a estratégia	Indireta e reativa.	Direta e reativa.	Direta e proativa.
Atividade principal	Oferecer atividades educacionais corporativas.	Desenvolver programas de capacitação orientados para a estratégia corporativa.	Moldar e desenvolver estratégias por meio da educação e da pesquisa.

Fonte: adaptado de Rademaker e Huizinga, 2000 (apud Tarapanoff, 2004).

Conforme o quadro proposto por Rademaker e Huizinga, no estágio operacional temos um departamento de treinamento, responsável por disponibilizar as atividades de capacitação que atendam às solicitação dos gestores e que permitam à organização manter sua eficiência.

Já no estágio tático, temos a área de educação corporativa como espinha dorsal para a gestão do conhecimento na organização. Os planos e iniciativas implementados pela área visam dotar a organização dos conhecimentos e capacidades necessários para o sucesso do negócio. A área exerce também um importante papel na multiplicação e disseminação de conhecimentos e valores organizacionais.

No estágio estratégico, a EC funciona como fábrica do conhecimento. Trata-se de uma área estratégica para o negócio, que atua como plataforma de fomento à ampliação das capacidades organizacionais e que, por meio da pesquisa, inovação e multiplicação do conhecimento, constitui uma força criadora de vantagens competitivas para o negócio.

A transição de uma área que era tradicionalmente operacional dentro da organização para um sistema estratégico para o negócio traz consigo uma série de desafios para aqueles que lideram o esforço de educação corporativa. Os gestores de EC hoje se deparam com desafios em relação aos quais não poderão tomar como referência as experiências do passado.

Alguns dos principais desafios a serem enfrentados no planejamento e operacionalização de uma área de educação corporativa efetiva e estratégica são:

- analisar como as práticas de educação corporativa podem apoiar e influenciar a estratégia organizacional;
- obter o engajamento máximo dos líderes nos projetos de capacitação;
- desenvolver novas formas de aprender e ensinar, mais rapidamente e com mais consistência;
- mensurar economicamente o valor das contribuições em educação;
- criar meios para reter os empregados após o investimento em capacitação; e
- encontrar maneiras mais efetivas de aplicação da tecnologia para facilitar a aprendizagem na organização.

Os gestores que conduzem os trabalhos de EC também se deparam com uma série de dualidades, e necessitam fazer escolhas em relação a temas como:

- utilizar tecnologia intensivamente ou privilegiar o contato humano?;
- professores liderando as ações de capacitação ou alunos como protagonistas do processo de aprendizagem?;
- aprender durante o horário de trabalho ou aprender durante o tempo livre do funcionário?; e
- focar o aprendizado técnico/gerencial ou o desenvolvimento emocional/comportamental?

É fundamental criar meios para que o trabalho de educação corporativa se consolide, não apenas como um sistema efetivo de suporte às demandas do negócio, mas também como uma filosofia de gestão baseada na aprendizagem contínua. Essa evolução no modelo de aprendizagem organizacional, cercada de desafios e complexidade, representa um ganho de maturidade e impacto para a área responsável pelos esforços de capacitação na empresa.

Para assegurar a implementação de um modelo de educação corporativa que venha a contribuir de forma plenamente alinhada às demandas estratégicas da organização, é fundamental começar por um projeto de implantação bem elaborado.

Observando as experiências de sucesso na implantação da EC em organizações brasileiras, é possível identificar alguns elementos comuns aos modelos geridos com grande efetividade. Na visão de Eboli e colaboradores (2010), os sistemas de educação corporativa apresentam sete princípios de sucesso, que compõem um enfoque conceitual e metodológico para a concepção, implementação e análise de seus projetos. Esses princípios estão sintetizados na figura 6.

Figura 6
SETE PRINCÍPIOS DE SUCESSO DA EDUCAÇÃO CORPORATIVA

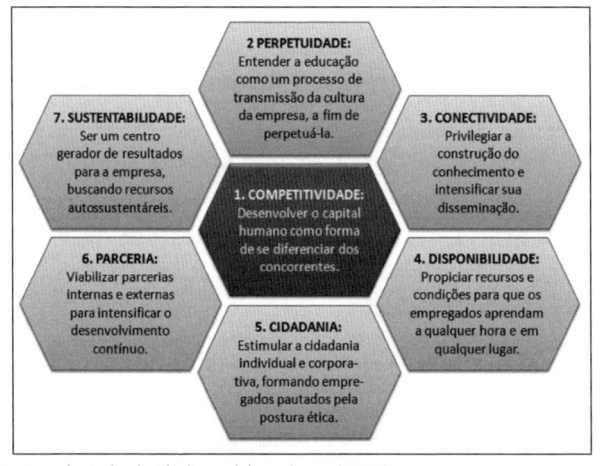

1. COMPETITIVIDADE: Desenvolver o capital humano como forma de se diferenciar dos concorrentes.

2. PERPETUIDADE: Entender a educação como um processo de transmissão da cultura da empresa, a fim de perpetuá-la.

3. CONECTIVIDADE: Privilegiar a construção do conhecimento e intensificar sua disseminação.

4. DISPONIBILIDADE: Propiciar recursos e condições para que os empregados aprendam a qualquer hora e em qualquer lugar.

5. CIDADANIA: Estimular a cidadania individual e corporativa, formando empregados pautados pela postura ética.

6. PARCERIA: Viabilizar parcerias internas e externas para intensificar o desenvolvimento contínuo.

7. SUSTENTABILIDADE: Ser um centro gerador de resultados para a empresa, buscando recursos autossustentáveis.

Fonte: adaptado de Eboli e colaboradores (2010).

Tomando por referência os princípios propostos por Eboli e colaboradores e seguindo em direção à operacionalização do modelo, a implantação consistente de um sistema de educação corporativa realmente efetivo e estrategicamente alinhado na empresa requer também a observação de algumas etapas essenciais. As etapas a considerar são:

❑ Etapa 1: diagnosticar o contexto empresarial – analisar os elementos do cenário interno e externo da organização. Analisar os *stakeholders* da educação corporativa, bem como suas necessidades e expectativas. Aprofundar a compreensão da cultura organizacional, dos valores que a sustentam e dos estilos gerenciais presentes na organização.

❑ Etapa 2: estabelecer uma visão e missão para EC – explicitar, por meio da visão e missão da EC, seu propósito e sua razão de ser como parte integrante da organização. A missão deixa claro o modo de operacionalizar a visão. Ambas devem estar plenamente alinhadas à visão e missão definidas no planejamento estratégico da organização.

❑ Etapa 3: determinar os objetivos prioritários – especificar os objetivos da EC, e assegurar que estejam em linha com os objetivos e estratégias da empresa, como forma de manter o foco nas necessidades de aprendizagem prioritárias para a organização. Definir nesse momento a amplitude pretendida para ao EC no curto, médio e longo prazos.

❑ Etapa 4: definir o modelo de gestão da EC – projetar o modelo de gestão envolve, inicialmente, delinear os processos da EC, entre eles o modelo para diagnóstico, planejamento, execução e avaliação das iniciativas de capacitação. Meister (1999:73) ressalta a importância de definir os diferentes papéis, bem como as atividades que devem ser centralizadas ou descentralizadas. Deve-se, também, conceber a proposta das escolas da EC. Essas escolas são conjuntos de conteúdo agrupados para atender a determinados públicos, por exemplo, formação de lideranças, cursos tecnológicos, programas de autodesenvolvimento, programas técnicos etc.

❑ Etapa 5: efetuar a validação estratégica da EC – validar o projeto da EC estabelecido com a alta administração e os gestores da organização, de modo a assegurar que o modelo proposto esteja alinhado às diretrizes estratégicas e vise obter o total engajamento das lideranças organizacionais. A consolidação da educação corporativa como uma filosofia de gestão e recurso estratégico para a criação de vantagens competitivas requer a contribuição e o engajamento de outros atores representativos na organização, além dos profissionais de recursos humanos.

Um aspecto importante a considerar é que a implantação e a condução de um modelo de educação corporativa efetivo não devem estar restritas a uma única área na organização. O alinhamento da EC às demandas prioritárias da organização deriva de uma parceria sinérgica entre, pelo menos, três atores:

❑ alta-administração – seu papel relevante consiste em determinar as diretrizes para a EC, além fornecer o apoio institucional necessário e prover os recursos econômicos para seu funcionamento; e
❑ gestores da organização – devem contribuir com o diagnóstico de necessidades de capacitação, com sugestões e recomendações para o alinhamento do programa e, ainda, com sua participação efetiva nos programas, seja como participantes ou como docentes;
❑ profissionais de RH e da educação corporativa – devem gerenciar e aprimorar a estrutura do sistema, selecionar e implantar metodologias efetivas e assegurar os resultados esperados das iniciativas de capacitação.

Somente como engajamento desses atores relevantes, sejam eles, diretores, gestores, profissionais de RH e de educação corporativa, será possível assegurar que os benefícios gerados por um modelo efetivo de EC possam permear toda a organização.

Construindo a universidade corporativa

A universidade corporativa (UC) é uma poderosa ferramenta para acelerar a aprendizagem organizacional, intensificar o alinhamento dos empregados e cultivar os valores da cultura corporativa. A implantação da UC tem sido a opção de muitas organizações que desejam dispor de uma estrutura robusta para operacionalizar seus esforços de educação.

Meister (1999) afirma que a universidade corporativa é um guarda-chuva estratégico para desenvolver empregados, clientes, fornecedores e comunidade com a finalidade de efetivar as estratégias da organização.

O termo universidade corporativa é, na realidade, uma metáfora, que remete a uma estrutura voltada exclusivamente para o desenvolvimento intensivo dos cidadãos corporativos, que difere em vários aspectos de uma universidade tradicional, inclusive por seu foco educacional totalmente voltado para a consolidação das competências e dos valores necessários à prosperidade da organização. Além da designação universidade corporativa, algumas das outras denominações aplicadas no mercado são "universidade empresarial", "organização-instrutora" e "universidade-empresa".

Note, caro leitor, que a implantação de universidades corporativas não é coisa recente. Fora do Brasil, esse processo é mais antigo do que se possa presumir. Tarapanoff (2004) ressalta que o General Motors Institute recebeu essa denominação em

1926, embora sua origem date de 1919. O primeiro caso de sucesso em termos de UC é creditado à General Eletric, com o estabelecimento de sua universidade em Crotonville, Nova Jersey, em 1945.

Outros casos de sucesso que podem ser citados são os das empresas Motorola, Oracle, Arthur Andersen, Disney, Nokia, além de outras que desenvolvem um esforço autônomo, estruturado e estratégico para a gestão da aprendizagem organizacional. Essas empresas têm suas universidades corporativas instaladas em vários países, inclusive da América Latina.

O movimento de implantação das universidades corporativas chegou ao Brasil em meados da década de 1990. Eboli (2010) afirma que a primeira experiência de implantação registrada foi a Academia Accor, em 1992. Logo vieram a Universidade Martins do Varejo, em 1994, a Universidade Brahma, em 1995, a Universidade do Hambúrguer do McDonalds, em 1997, seguidas das universidades corporativas de outras empresas, como Visa, Algar, Alcatel, Siemens, Bank Boston e Datasul.

Esse movimento, que começou com aproximadamente 10 empresas na década de 1990, cresceu de forma expressiva a partir do ano 2000. Atualmente, estima-se a existência de aproximadamente 300 organizações, pertencentes tanto à esfera pública quanto à privada, que têm um sistema estratégico de educação corporativa consolidado.

Uma questão relevante que surge nos debates entre executivos, quando abordam a questão da aprendizagem organizacional, é: "vale a pena implantar a universidade corporativa em nossa organização?". É bem provável que o executivo de gestão de pessoas que estiver presente nesse debate responda à questão com um sonoro *sim*, em virtude de sua convicção acerca dos benefícios que uma estrutura de educação robusta pode prover ao negócio.

No entanto, é preciso considerar que a implantação de uma UC demandará esforço e investimento. Geralmente, um projeto como esse requer uma estrutura física e tecnológica considerável, bem como a alocação de uma equipe bem preparada para sua condução.

A implantação da UC é recomendada para as organizações que desejam ter uma unidade, na formação de sua força de trabalho, que seja fortemente alinhada com as diretrizes estratégicas do negócio e, ao mesmo tempo, que possa atuar de forma bastante autônoma. Essa autonomia é geralmente obtida quando a UC está ligada diretamente ao executivo chefe da organização, quando tem uma estrutura independente e quando sua operação se dá como se fosse uma unidade de negócio.

Outros argumentos que justificam a opção pela implantação de uma universidade corporativa são:

- representa um diferencial competitivo;
- é um processo relevante da gestão do conhecimento;
- amplia o valor e os resultados gerados pelo negócio;
- promove o desenvolvimento contínuo dos empregados;
- é uma estratégia para vincular a aprendizagem às metas empresariais;
- reduz custos com a contratação e perda de talentos; e
- é um espaço para fomentar os valores da organização e sua cultura.

Quando uma organização toma a decisão de implementar e operar uma UC, é fundamental sua implantação e operação de forma estruturada, levando-se em conta alguns aspectos relevantes, conforme demonstra a figura 7.

Figura 7
OS 10 COMPONENTES DO PROJETO DE UMA UNIVERSIDADE CORPORATIVA

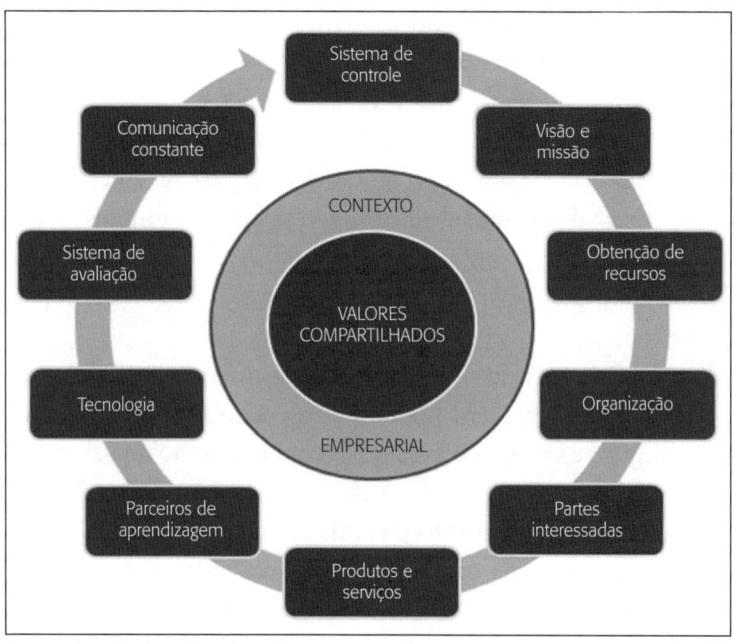

Componentes do diagrama (em torno do núcleo CONTEXTO / VALORES COMPARTILHADOS / EMPRESARIAL):
- Sistema de controle
- Visão e missão
- Obtenção de recursos
- Organização
- Partes interessadas
- Produtos e serviços
- Parceiros de aprendizagem
- Tecnologia
- Sistema de avaliação
- Comunicação constante

Fonte: adaptada de Meister (1999).

Os 10 componentes fundamentais do projeto de uma universidade corporativa, apontados por Meister (1999), têm como propósito assegurar o sucesso e a sustentabilidade da UC. Vejamos com mais detalhes cada um deles:

a) sistema de controle – é importante o acompanhamento e engajamento da alta administração, direcionando o processo de educação, provendo suporte institucional e econômico para a UC;
b) visão e missão – a visão representa a imagem idealizada de sucesso, ou seja, a posição e a representatividade que a UC deseja atingir. A missão consiste na razão de ser da UC, e na maneira pela qual ela concretiza sua visão;

c) obtenção de recursos – refere-se às fontes de recursos financeiros e ao modelo para o financiamento dos programas de educação. Os recursos podem vir direto do orçamento da organização, das unidades de negócio conforme suas demandas, ou de taxas cobradas de clientes, fornecedores e parceiros que venham a usar seus serviços;
d) organização – trata-se da definição do modelo de operação da UC. São as políticas, os processos e os sistemas para a operação dessa unidade de negócio. É a gestão administrativa, de suporte, e pedagógica da área. A estruturação da equipe e a clara definição de papéis também são de grande importância;
e) partes interessadas – são os públicos de interesse (*stakeholders*) da UC, que têm diferentes expectativas com relação aos produtos e serviços oferecidos. A compreensão desses públicos de interesse e de suas variáveis de interesse possibilita um melhor direcionamento das iniciativas e o estabelecimento de uma estratégia de comunicação mais adequada;
f) produtos e serviços – partindo da compreensão das diretrizes estratégicas da organização, das competências requeridas para o sucesso e das necessidades prioritárias de aprendizagem, pode-se, então, definir um leque de programas e soluções de capacitação;
g) parceiros de aprendizagem – são professores, consultores, instituições de ensino, entre outros. É importante desenvolver parcerias com universidades, agências, consultorias, instituições de pesquisa etc., a fim de assegurar que a base de conhecimentos da UC seja continuamente atualizada, e que seus clientes recebam a máxima qualidade em termos de conteúdos e abordagens;
h) tecnologia – são as soluções tecnológicas que poderão suportar e veicular os diversos programas de formação oferecidos. Devem, ainda, incluir um ferramental para a educação a

distância, como acesso remoto por meio de computadores e dispositivos móveis, bibliotecas virtuais, videoconferência, debates via *chat*, entre outros;

i) sistema de avaliação – são os métodos usados para o acompanhamento constante, visando à garantia da qualidade dos processos e programas da educação/universidade corporativa. Para avaliar eficientemente, é necessário fazer uso de indicadores que permitam o monitoramento dos resultados obtidos com os programas de desenvolvimento; e

j) comunicação constante – para assegurar a efetividade das iniciativas e o engajamento dos diversos públicos da UC, é importante manter um processo de comunicação que constitua uma fonte contínua de esclarecimento e estímulos.

Os 10 componentes apontados por Meister constituem os pilares que possibilitarão o adequado dimensionamento da UC e contribuirão para a consistência de suas iniciativas. Contudo, antes de pensar esses componentes, é fundamental considerar dois elementos que formarão o alicerce da UC. São eles: os valores compartilhados e o contexto empresarial.

Quando os valores que moldam a cultura da empresa são considerados, é possível construir todo o sistema de aprendizagem corporativa de forma coerente com o DNA organizacional, respeitando as crenças e valores existentes na empresa. No entanto, aqui vale um alerta: se a cultura organizacional não for uma cultura aberta à experimentação, ao erro, ao desafio permanente às crenças cristalizadas e modelos mentais que já não funcionam, aos limites da temporalidade e subjetividade humanas, muito provavelmente uma UC não cumprirá ali seu propósito com plenitude.

Por sua vez, o claro entendimento do contexto empresarial em que se insere a organização dará, aos gestores da educação corporativa, subsídios para direcionar suas estratégias e programas de desenvolvimento às demandas relevantes do negócio. Esse entendimento sistêmico do ambiente no qual a organização está imersa confere legitimidade às iniciativas de aprendizagem e amplia a credibilidade dos profissionais que as gerenciam.

Por fim, depois de visitarmos e explorarmos todas essas possibilidades e alternativas para a aprendizagem organizacional, cabe-nos celebrar a inquestionável evolução das iniciativas voltadas à educação corporativa nas últimas décadas, contudo, sem deixar de considerar que ainda há muito trabalho a ser feito para dar mais consistência às práticas e resultados da EC, de modo a consolidá-la como ferramenta estratégica nas organizações.

Considerações finais

Caro leitor, esperamos que a leitura deste capítulo tenha permitido a você refletir sobre a relevância que os esforços de educação corporativa vêm ganhando, devido a seu impacto no desempenho e na sustentabilidade das organizações.

É bem verdade que a maior parte das empresas brasileiras ainda encara os investimentos em capacitação como um mal necessário, e empreende não mais do que iniciativas pontuais, reativas e muitas vezes desconexas, em termos de treinamento.

Contudo, é inegável o crescente número de organizações conscientes do papel relevante da educação corporativa na gestão do conhecimento e na cultura de inovação. Essas empresas gerenciam seus esforços de aprendizagem orientando-se pelo farol da estratégia, alinham seus programas de capacitação aos objetivos empresariais, constituem equipes de alto desempenho e, por consequência, vencem no mundo dos negócios.

Nosso desejo é que você possa dominar de forma plena a principal competência da era do conhecimento – aprender a aprender – e que seus aprendizados lhe permitam fazer uma grande diferença positiva em sua vida, nas organizações por onde passar e na sociedade.

A seguir, trazemos algumas questões para você testar seus conhecimentos e fixar alguns conceitos importantes:

1. Quais são as principais contribuições trazidas pela educação corporativa (EC) para a organização?
2. De que forma os projetos e iniciativas da EC contribuem com a gestão do conhecimento nas empresas?
3. De que forma a EC se relaciona com a gestão por competências?
4. Quais são as principais etapas para a implantação de um sistema de educação corporativa?
5. Qual o papel e qual a importância dos gestores na implantação e condução da EC?

Agora, mais algumas questões para promover sua reflexão:

1. Como será um programa de capacitação organizacional realizado em 2045? Quem ministrará, onde ministrará, que recursos utilizará?
2. Em sua opinião, quais são os principais equívocos cometidos pelas empresas em sua gestão de capacitação?
3. A empresa na qual você trabalha se encontra no nível operacional, tático ou estratégico em termos de educação corporativa? O que você recomendaria aos gestores de capacitação por lá?
4. Seria viável a implantação de uma universidade corporativa na empresa em que você trabalha? Se ela já possui, o que poderia ser melhorado?
5. Você se sente apto a atuar como um multiplicador interno dentro da empresa em que trabalha? Que habilidades gostaria de aprimorar neste sentido?

Conclusão

O prazer de descobrir e de aprender está entre os mais elevados ideais da humanidade. A aprendizagem é a maior ferramenta para a mudança no comportamento das pessoas, por meio da incorporação de novos hábitos, atitudes, conhecimentos e habilidades. Para sobreviver e prosperar, profissionais no século XXI, pertencentes a esse universo cibernético, digital e interconectado, precisarão desenvolver uma nova gama de competências e repensar o modelo pessoal de aprendizagem.

Apresentamos, nas páginas deste livro, as oportunidades de explorar as múltiplas possibilidades da aprendizagem nas organizações. Estendendo esse olhar para as organizações que buscam aprimorar as estratégias para a qualificação de sua força de trabalho, notamos a necessidade de explorar novos modelos de ensino-aprendizagem que poderão ser viabilizados por meio da combinação de meios presenciais e virtuais, bem como por meio da integração de estratégias formais e informais de aprendizado, desenvolvendo e capacitando as pessoas.

Capacitar é, de certa forma, a arte de contar, criar e recriar histórias para um público definido, com um conteúdo certo na hora adequada. Em outras palavras, desenvolver pessoas é a arte de combinar diferentes metodologias, num processo de ensino/aprendizagem que começa com a sensibilização dos funcionários para a capacitação e termina na transferência do aprendizado para o trabalho, num ciclo infinito, pois esse é um processo que se retroalimenta na e da aprendizagem.

Ao tratar dos aspectos mais marcantes da era em que vivemos e de seus impactos no mundo do trabalho na sociedade do conhecimento, organizações flexíveis e horizontalizadas, dentro das quais culturas fortes privilegiem o aprendizado vitalício, têm de ser desenvolvidas. Essas organizações globalizadas do ponto de vista econômico estarão também globalizadas do ponto de vista da capacitação e do desenvolvimento de pessoas, inspirando um crescimento holístico do ser humano, numa ampliação do conceito de empregabilidade.

Ao pensar a empregabilidade no contexto contemporâneo, o salário deixou de ser o principal fator de retenção de funcionários nas organizações. Ávidas por aprender, as pessoas hoje procuram trabalhar em empresas nas quais possam reciclar-se ou reinventar-se permanentemente. Assim, o fator primordial de retenção de pessoas passou a ser o autodesenvolvimento. As pessoas precisam perceber-se e reconhecer-se, então, imersas numa cultura organizacional em que a aprendizagem permanente seja a tônica e a capacitação inspire ao infinito, à imensidão, como é a alma humana, em especial neste milênio, no qual questões ligadas à transcendência vêm tendo cada vez mais importância para as pessoas.

Compete principalmente aos líderes, como protagonistas na condução dos destinos das organizações, tecer, a cada dia, as malhas da capacitação de pessoas em suas empresas, educando e aprendendo, formal e informalmente. Essa malha protege, fortalece, desafia e privilegia as pessoas na construção de riquezas incomensuráveis no ser humano: o conhecimento e a experiência – fatores que tornam únicas pessoas e empresas, cuja história de sucesso estará sempre indelevelmente entrelaçada. Esse foi, desde o início deste livro, nosso objetivo enquanto autores. Trabalhamos para que você, leitor, brilhe nas organizações e promova, enquanto se capacita e se desenvolve, o sucesso de todos.

Referências

ABBAD, G. da S.; BORGES-ANDRADE, J. E. Aprendizagem humana em organizações de trabalho. In: ZANELLI, J. C.; BORGES-ANDRADE, J. E.; BASTOS, A. V. *Psicologia, organizações e trabalho no Brasil,*. Porto Alegre: Artmed, 2004. p. 237-275.

ADAMS, J. D. Reinterpreting evaluation classics in the modern age. *Journal of Continuing Higher Education*, Ohio, v. 49, n. 2, p. 15-21, 2001.

ALAVI, M.; CARLSON, P. A review of MIS research and disciplinary development. *Journal of Management Information Systems*, Armonk, NY, v. 8, n. 4, p. 45-62, 1992.

ALDAY, H. E. C. O planejamento estratégico dentro do conceito de administração estratégica. *Revista FAE*, Curitiba, v. 3, n. 2, p. 9-16, maio/ago. 2000. Disponível em: <www.fae.edu/publicacoes/pdf>. Acesso em: 5 ago. 2014.

ALLEN, C. R. *The instructor, the man, and the job.* Londres: J. B. Lippincott, 1919.

ASSMANN, H. A metamorfose do aprender na sociedade da informação. *Ciência da Informação*, Brasília, v. 20, n. 2, p. 7-15, maio/ago. 2000.

AUSTIN, N. K. Does spirituality work? *Working Woman*, Boston, v. 23, n. 3, p. 26-28,1995.

BARLOW, R. Crafting a financial plan for the soul. *Boston Globe*, Boston, jan. 2005. Disponível em: <www.boston.com/yourlife/health/mental/articles/2005/01/08/crafting_a_financial_plan_for_the_soul/>. Acesso em 30 set. 2015.

BARNEY, J. B. *Gaining and sustaining competitive advantages*. Upper Saddle River, NJ: Prentice Hall, 2002.

BARRET, R. *Libertando a alma da empresa*: como transformar a organização numa uma entidade viva. São Paulo: Cultrix, 2000.

BAUMAN, Z. *O mal-estar da pós-modernidade*. Rio de Janeiro: Jorge Zahar, 1998.

BAUMGARTNER, M. A. O papel do treinamento na empresa. In: BOOG, G. G. *Manual de treinamento e desenvolvimento*: um guia de operações. São Paulo: Makron Books, 2001.

_____; CASARINI, F. G. (Coord.) *Educação corporativa*: da teoria à prática. São Paulo: Senac, 2012.

BEINAT, E. *Multiattribute value functions for environmental management*. Amsterdã: Timbergen Institute, 1995. Research series.

BENNIS, W. *A formação do líder*. São Paulo: Atlas, 1996.

BERGAMINI, C. W.; CODA, Roberto (Org.). *Psicodinâmica da vida organizacional*: motivação e liderança. São Paulo: Pioneira, 1990.

BITENCOURT, C. *Gestão contemporânea de pessoas*: novas práticas, conceitos tradicionais. Porto Alegre: Bookman, 2010.

BOOG, G. G. *Manual de treinamento e desenvolvimento*. 2. ed. São Paulo: Makron Books, 1994.

_____. *Manual de treinamento e desenvolvimento ABDT*. São Paulo: Makron Books, 1999.

_____; BOOG, M. (Coord.). Manual de treinamento e desenvolvimento: gestão e estratégias. São Paulo: Pearson Education Brasil, 2013a.

_____; _____ (Coord.). Manual de treinamento e desenvolvimento: processos e operações. São Paulo: Pearson Prentice Hall, 2013b.

BOSMA, Carl J. Espiritualidade e os salmos. São Paulo: Centro de Pós-Graduação Andrew Jumper-Mackenzie, 2004.

BRANDAO, H. P. et al. Gestão de desempenho por competências: integrando a gestão por competências, o balanced scorecard e a avaliação 360 graus. Revista de Administração Pública, São Paulo, v. 42, n. 5, p. 875-898, 2008.

BRAVERMAN, H. Trabalho e capital monopolista. 3. ed. Rio de Janeiro: Zahar, 1981.

BRISKIN, A. The stirring of soul in the workplace. São Francisco: Jossey-Bass, 1996.

BROADWAY, B. Good for the soul – and for the botton line. Washington Post, Washington, DC, v. 19, p. 1-15, ago. 2001.

CAIRES, J. C. Competências e formação de gestores multiplicadores. [S.l.]: [s.n.], 2010. Disponível em: <www.convibra.org/upload/paper/adm/adm_1115.pdf>. Acesso em: 10 abr. 2014.

_____. Validação de um modelo de competências facilitadoras da difusão do conhecimento para pesquisadores da Embrapa. 2012. 132 f. Dissertação (mestrado) – Universidade Estácio de Sá, Rio de Janeiro, 2012.

CAMPBELL, C. P. Training course/program evaluation: principles and practices. Journal of European Industrial Training, Manchester, v. 22, n. 8, p. 322-344, 1998.

CAMUS, A. Avesso e o direito. São Paulo: Record, 2005.

CAPRA, F. The turning point: a systems approach to the emerging paradigm. Nova York: Simon & Schuster, 1982.

CARA GROUP. *How informal learning is transforming the workplace: a pulse survey.* Oak Brook, IL: Cara Group, 2010. Disponível em: <www.caracorp.com/documents/CARA_SocialMediaImpact_PulseSurveyReport.pdf>. Acesso em: 16 mar. 2014.

CARVALHO, I. C. L; KANISKI, A. L. A sociedade do conhecimento e o acesso à informação: para que e para quem? *Ciência da Informação*, Brasília, v. 29, n. 3, p. 33-39, set./dez. 2000.

CASTRO, P. M. R.; PORTO, G. S. Avaliação de resultados da capacitação via estágios pós-doutorais: breves notas sobre a produção científica em periódicos. *Ensaio: Avaliação e Políticas Públicas em Educação*, Rio de Janeiro, v. 20, n. 74, p. 51-72, 2012.

CAVALCANTI, V. L. et al. *Liderança e motivação*. Rio de Janeiro: FGV, 2005.

CAVANAUGH, K. L. Time series analysis of US and Canadian inflation and unemployment a test of a field-theoretic hypothesis. In: ANNUAL MEETING OF THE AMERICAN STATISTICAL ASSOCIATION, 1987, São Francisco, CA. *Proceedings...* São Francisco: American Statistical Associaion. Business and Economics Statistics Section,1987. p. 799-804.

CHERMAN, A. Gestão do conhecimento. In: RAMAL, A. (Org.). *Educação corporativa*: fundamentos e gestão. Rio de Janeiro: LTC, 2012. p. 58-89.

CONATY, B.; CHARAN, R. *The talent masters*: why smart leaders put people before numbers. Nova York: Random House LLC, 2010.

COOPER, M. Evaluating professional training. *Training and Development*, South Carolina, n. 10, p. 26-31, 1994.

COVEY, S. R. *O 8º hábito*: da eficácia à grandeza. São Paulo: Campus, 2005.

CUNHA, A. G. *Dicionário etimológico Nova Fronteira da língua portuguesa*. Rio de Janeiro: Nova Fronteira, 1982.

DARBY, J. A. Open-ended course evaluations: a response rate problem? *Journal of European industrial training*, Manchester, v. 31, n. 5, p. 402-412, 2007.

DAVEL, E.; VERGARA, S. C. (Org.). *Gestão com pessoas e subjetividade*. São Paulo: Atlas, 2012.

DEJOURS, C. *Uma nova visão do sofrimento humano nas organizações*. São Paulo: Atlas, 1992.

DELORS, J. (Org.). *Educação*: um tesouro a descobrir. 4. ed. São Paulo: Cortez, 2000. p. 11-32. Relatório para a Unesco da Comissão Internacional sobre Educação para o século XXI.

DE MASI, D. *A emoção e a regra*. Rio de Janeiro: José Olympio, 1999a.

_____. *Desenvolvimento sem trabalho*. Rio de Janeiro: Esfera, 1999b.

_____. *O futuro do trabalho*: fadiga e ócio na sociedade pós-industrial. Rio de Janeiro: José Olympio, 2003.

DERTOUZOS, M. *O que será*: como a informação transformará nossas vidas. São Paulo: Companhia das Letras, 2000.

DEY, I. *Grounding grounded theory*: guidelines for qualitative inquiry. San Diego, CA: Academic Press, 2001.

DRUCKER, Peter. *Sociedade pós-capitalista*. 6. ed. São Paulo: Pioneira, 1997.

_____. *Inovação e espírito empreendedor*: prática e princípios. São Paulo: Pioneira Thompson, 2003.

DURAND, T. L'Alchimie de la compétence. *Revue Française de Gestion*, Paris, v. 127, p. 84-102, jan./fev. 2000.

DUTRA, J. S. *Competências*: conceitos e instrumentos para a gestão de pessoas na empresa moderna. São Paulo: Atlas, 2002.

EBOLI, M. *Educação corporativa no Brasil*: mitos e verdades. São Paulo: Gente, 2004.

_____. Educação corporativa no Brasil: evolução, conceitos e papéis. In: BAUMGARTNER, M.; CASARINI, F. G. (Coord.) *Educação corporativa*: da teoria à prática. São Paulo: Senac, 2012. p. 27-42.

_____ et al. (Org.). *Educação corporativa*: fundamentos, evolução e implantação de projetos. São Paulo: Atlas, 2010.

EDVINSSON, L.; MALONE, M. S. *Intellectual capital*. Londres: Piatkus, 1998.

ENSSLIN, L.; DUTRA, A.; ENSSLIN, S. R. MCDA: a constructivist approach to the management of human resources at a governmental agency. *International Transactions in Operational Research*, Hoboken, NJ, v. 7, p. 79-100, 2000.

_____ et al. Avaliação do desempenho de empresas terceirizadas com o uso da metodologia multicritério de apoio à decisão – construtivista. *Revista Pesquisa Operacional*, Florianópolis, v. 30, n. 1, p. 125-152, 2010.

FERREIRA, A. B. H. *Aurélio século XXI*: o dicionário da língua portuguesa. 3. ed. rev. e ampl. Rio de Janeiro: Nova Fronteira, 1999.

FLACH L.; ANTONELLO C. S. A teoria sobre aprendizagem informal e suas implicações nas organizações. *Revista Gestão Organizacional*, Recife, v. 8, n. 2, p. 193-208, 2010.

FLEURY, M. T. L.; FLEURY, A. Construindo o conceito de competência. *Revista de Administração Contemporânea*, Curitiba, v. 5, n. esp., p. 183-196, 2001. Disponível em: <www.scielo.br/scielo.php?script=sci_arttext&pid=S1415-65552001000500010&lng=en&nrm=iso>. Access em: 14 set. 2015.

_____; _____. Alinhando estratégia e competências. *RAE: Revista de Administração de Empresas*, São Paulo, v. 44, n. 1, p. 44-57, 2004.

FOCHESATTO, S. A.; QUADROS, M. S. P. *Educação corporativa*. Curitiba: Iesde Brasil, 2012.

FOX, M. *The reinvention of work*: a new vision of livelihood for our time. São Francisco: Harper-Collins, 1994.

FREIRE, P. *Pedagogia do oprimido*. 17. ed. Rio de Janeiro: Paz e Terra, 1987.

_____. *Pedagogia da autonomia*: saberes necessários à prática educativa. Rio de Janeiro: Paz e Terra, 1993.

FREITAS, M. E. *Cultura organizacional*: identidade, sedução e carisma. Rio de Janeiro: FGV, 2000.

GARDNER, H. *Inteligências múltiplas*: a teoria na prática. Porto Alegre: Artes Médicas, 1995.

GARVIN, D. A. *Aprendizagem em ação*: um guia para transformar a empresa em uma *learning organization*. Rio de Janeiro: Qualitymark, 2002.

GDIKIAN, E. A.; SILVA, M. C. *Educação estratégica nas organizações*: como as empresas de destaque gerenciam o processo de educação corporativa. São Paulo: Qualitymark, 2002.

GOLEMAN, D. *Inteligência social*. São Paulo: Elsevier, 2006.

GONDIM, R. *O desafio da pós-modernidade*. São Paulo: Abba, 1999.

GOSS, T. *A última palavra em poder*. Rio de Janeiro: Rocco, 1997.

GOULART, S.; PESSOA, E. *Educação corporativa como base da estratégia organizacional*. Rio de Janeiro: Qualitymark, 2009.

GUSKEY, T. R. Does it make a difference? Evaluating professional development. *Educational Leadership*, San Diego, v. 59, n. 6, p. 45-51, 2002.

GREENHOW C.; ROBELIA B. Informal learning and identity formation in online social networks. *Learning, Media and Technology*, Mineápolis, v. 34, n. 2, p. 119-140, 2009.

HABERMAS, J. *Pensamento pós-metafísico*. Rio de Janeiro: Tempo Brasileiro, 1990.

HAIR, J. F.; ANDERSON R. E.; TATHMAM, R. L. *Multivariate data analysis with readings*. Nova York: Macmillan, 1998.

HANASHIRO, D. M.; TEIXEIRA, M. L. M.; ZACCARELLI, L. M. *Gestão do fator humano*: uma visão baseada nos *stakeholders*. 2. ed. São Paulo: Saraiva. 2008.

HARMAN, W. *Global mind change*. Nova York: Warner, 1998.

_____; HORMANN, J. *O trabalho criativo*: o papel construtivo dos negócios numa sociedade em transformação. São Paulo: Cultrix, 2005.

HARVEY, D. *Condição* pós-moderna. São Paulo: Loyola, 1989.

HESSELBEIN, F.; GOLDSMITH, M.; BECKHARD, R. (Org.). *O líder do futuro*: visões, estratégias e práticas para uma nova era. São Paulo: Futura, 1996.

HITT, M. A. et al. *Administração estratégica*. São Paulo: Pioneira Thomson Learning, 2005.

HOLTON, E. F. The flawed four-level evaluation model. *Human Resource Development Quarterly*, Oklahoma, v. 7, n. 1, p. 5-21, 1996.

HUTZINGER, J. Treinamento dentro da indústria: a origem do gerenciamento japonês e do *kaizen*. Trad. Odier Tadashi. *Lean Institute Brasil*, São Paulo, 20 out. 2005. Disponível em: <www.lean.org.br/artigos/97/artigos.aspx>. Acesso em: 24 mar. 2014.

HUXLEY, A. *The perennial philosophy*. NovaYork: Harper and Brothers, 1945.

IANNI, O. *A era do globalismo*. Rio de Janeiro: Civilização Brasileira, 1997.

JEFFERSON, A.; POLLOCK, R.; WICK, C. *6 Ds*: as seis disciplinas que transformam educação em resultados para o negócio. São Paulo: Évora, 2011.

JENNINGS, C.; WARGNIER, J. Effective learning with 70:20:10: the new frontier for the extended enterprise. *CrossKnowledge*, [s.l.], 2 jan. 2012. Disponível em: <www.crossknowledge.com/en_GB/elearning/media-center/news/702010.html>. Acesso em: 5 abr. 2014.

KAPLAN, R. S; NORTON, D. P. *A estratégia em ação*: balanced scorecard. Rio de Janeiro: Campus, 1997.

KEENEY, R. L. *Value focused-thinking*: a path to creative decision-making. Cambridge: Harvard University Press, 1992.

KING, U. *Women and spirituality*: voices of protest and promise. Nova York: Macmillan, 1989.

KIRKPATRICK, D.L. *Evaluating training programs*: the four levels. São Francisco: Berrett-Koehler, 1994.

KNOWLES, Malcolm. *The modern practice of adult education*: from pedagogy to andragogy. Nova York: Cambridge, 1980.

KOLB, D. *Experiential learning*: experience as the source of learning and development. Englewood Cliffs, NJ: Prentice Hall, 1984.

KOTTER, J. P.; COHEN, D. S. *O coração da mudança*. São Paulo: Campus, 2003.

KUPRENAS, J. A.; MADJIDI, F.; ALEXANDER, A. S. A project management training program. *Journal of Management in Engineering*, Lucknow, v. 15, n. 6, p. 47-55, 1999.

LACOMBE, Francisco. *Teoria geral da administração*. São Paulo: Saraiva, 2009.

LAGES, A.; O'CONNOR, J. *Como o coaching funciona*. Rio de Janeiro: QualityMark, 2010.

LANDRY, M. *Note on the concept of problem*: a piagetian perspective. Quebec: Faculté des Sciences de l'Administration Université Laval, 1995.

LÉVY, P. *L'Inteligence collective*: pour une anthropologie du cyberspace. Paris: La Découverte, 1997.

_____. A revolução contemporânea em matéria de comunicação. *Revista Famecos*, Porto Alegre, n. 9, dez. 1998. Disponível em: <www.pucrs.br/famecos/levyfinal.html.>. Acesso em: 4 abr. 2014.

_____. *Cibercultura*. São Paulo: Editora 34, 1999.

LINGHAM, T.; RICHLEY, B.; REZANIA, D. An evaluation system for training programs: a case study using a four-phase approach. *Career Development International*, Manchester, v. 11, n. 4, p. 334-351, 2006.

LITAROWSKY, J. A.; MURPHY, S. O.; CANHAM, D. L. Evaluation of an anaphylaxis training program for unlicensed assistive personnel. *Journal of School Nursing*, Londres, v. 20, n. 5, p. 279-284, 2004.

MARSHALL, G. *The trainers handbook*: the AMA guide to effective training. 2. ed. Nova York: American Management Association, 1993.

MARX, Karl. Introdução à crítica da economia política. In: _____. *Para a crítica da economia política*. São Paulo: Abril, 1968. Coleção Os Pensadores, v. 33.

MASIERO, G.; OLIVEIRA, V. R. F. As referências a Alfred Chandler Jr. na produção científica de administração no Brasil: um estudo bibliométrico das teses da FEA/USP e Eaesp/FGV (2000-2010). In: SEMINÁRIO EM ADMINISTRAÇÃO (SemeAd), 14, São Paulo. *Anais...* São Paulo: FEA/USP, 2011

MASLOW, A. H. *Toward a psychology of being*. 2. ed. Nova York: UN, 1968.

MATTAR, J. *Filosofia e ética na administração*. São Paulo: Saraiva, 2004.

MAXIMIANO, A. C. A. *Teoria geral da administração*: da revolução urbana à revolução digital. São Paulo: Atlas, 2005.

MAYO, Elton. *The Human Problems of an Industrial civilization*. New York: Macmillan, 1933.

MCCOY, M.; HARGIE, O. D. W. Evaluating evaluation: implications for assessing quality. *International Journal of Health Care Quality Assurance*, Nova York, v. 14, n. 7, p. 317-327, 2001.

MEISTER, J. C. *Educação corporativa*: a gestão do capital intelectual através das universidades corporativas. São Paulo: Pearson Makron Books, 1999.

MILKOVICH, G. T.; BOUDREAU, J. W. *Administração de recursos humanos*. São Paulo: Atlas. 2000.

MILLIMAN, J. F.; CZAPLEWSKI, A. J.; FERGUSON, J. M. *A exploratory empirical assessment of the relationship between spirituality and employee word attitudes*. Washington, DC: Academy of Management Proceedings, 2001.

MINTZBERG, H.; QUINN, J. B. *O processo da estratégia*. Porto Alegre: Bookman, 2001.

MORIN, E. *As grandes questões do nosso tempo*. Lisboa: Nobar, 1981.

_____. *A cabeça bem-feita*: reformar a reforma, reforçar o pensamento. Rio de Janeiro: Bertrand Brasil, 2000a

_____. Os sete saberes necessários à educação do futuro. 2. ed. São Paulo: Cortez, 2000b.

MORRIS,T. *O verdadeiro sucesso*: uma nova compreensão da excelência e eficácia. São Paulo: Cultrix, 1999.

MUNDIM, A. P. F.; RICARDO, E. J. *Educacão corporativa*: fundamentos e práticas. 1. reimpr. Rio de Janeiro: Qualitymark, 2009.

NONAKA, I.; TAKEUCHI, N. *Criação de conhecimento na empresa*: como as empresas japonesas geram a dinâmica da inovação. Rio de Janeiro: Elsevier, 1997.

NUCLEO DE ESTUDOS SOBRE TRABALHO E EDUCAÇÃO. *Dicionário da educação profissional*. Belo Horizonte: Fidalgo e Machado, 2000.

OLIVEIRA JR., M. M. Competitividade baseada no conhecimento. In: CAVALCANTI, M. (Org.). *Gestão estratégica de negócios*: evolução, cenários, diagnóstico e ação. São Paulo: Pioneira Thomson Learning, 2003. p. 211-238.

ORGANIZAÇÃO DAS NAÇÕES UNIDAS PARA A EDUCAÇÃO, A CIÊNCIA E A CULTURA (UNESCO). *Política de mudança e desenvolvimento no ensino superior*. Rio de Janeiro: Garamond, 1999.

ORTIZ, R. *Mundialização e cultura*. São Paulo: Brasiliense, 2006.

PACHECO, L. et al. *Capacitação e desenvolvimento de pessoas*. Rio de Janeiro: FGV, 2009.

PEREIRA, A. V. S. *Avaliação e acompanhamento de um programa de orientação e suporte psicossocial ao atendimento em atividades físicas para portadores de HIV/Aids*. 2009. 159 f. Tese (doutorado em ciências) – Faculdade de Filosofia Ciências e Letras de Ribeirão Preto, Universidade de São Paulo. Ribeirão Preto, 2009.

PETRI, S. M. *Modelo para apoiar a avaliação das abordagens de gestão de desempenho e sugerir aperfeiçoamentos*: sob a ótica construtivista. 2005. Tese (doutorado) – Programa de Pós-Graduação em Engenharia de Produção, Universidade Federal de Santa Catarina. Florianópolis, 2005.

PFEFFER, J. Seven practices of successful organizations. In: FRENCH, W. L.; BELL, C. H.; ZAWACKI, R. A. (Org.). *Organizational development and transformation*: managing effective change. Cingapura: McGraw-Hill, 2000. p. 494-514.

PORTER, M. E. What's strategy? *Harvard Business Review*, Boston, v. 6, p. 61-78, nov./dez. 1996.

PRAHALAD, C. K.; HAMEL, G. The core competence of the company. *Harvard Business Review*, Boston, v. 68, n. 3, p. 79-91, 1990.

RICARDO, E. J. *Educação corporativa e aprendizagem*. Rio de Janeiro: Qualitymark, 2009.

RICHARDSON, R. J. et al. *Pesquisa social*: métodos e técnicas. 2. ed. São Paulo: Atlas, 1999.

SENGE, P. M. *A quinta disciplina*. São Paulo: Best Seller, 1990.

_____. *A quinta disciplina*: arte e prática da organização que aprende. 13. ed. São Paulo: Best Seller, 2002.

SIRE, J. W. *O universo ao lado*: a vida examinada. São Paulo: United, 2004.

SOUZA R. R. *Aprendizagem colaborativa em comunidades virtuais*. Dissertação (mestrado) – Programa de Pós-Graduação em Engenharia de Produção, Universidade Federal de Santa Catarina. Florianópolis, 2000.

SPEARS, L. C. *Insights on leadership*: service, stewardship, spirit and servant-leadership. Nova York: Wiley, 1998.

SPENCER, S. *Purpose and spirit*: organizational development practitioner. Toronto: Thompson, 1989.

STAHL, G., KOSCHMANN, T.; SUTHERS, D. Computer-supported collaborative learning: a historical perspective. In: SAWYER. R. K. (Ed.). *Cambridge handbook of the learning sciences*. Cambridge: Cambridge University Press, 2006. p. 409-426.

STEWART, T. A. *Capital intelectual*: a nova vantagem competitiva das empresas. Rio de Janeiro: Campus, 1998.

SVEIBY, K. *A nova riqueza das organizações*: gerenciando e avaliando patrimônios de conhecimento. Rio de Janeiro: Campus, 1998.

TARAPANOFF, K. *Panorama da educação corporativa no contexto internacional*. Brasília, 2004. Palestra proferida na UnB em 18 e 19 maio 2004.

TASCA, J. E.; ENSSLIN, L.; ENSSLIN, S. R. A avaliação de programas de capacitação: um estudo de caso na administração pública. *Revista de Administração Pública*, Rio de Janeiro, v. 46, n. 3, p. 647-675, maio/jun. 2012.

_____ et al. An approach for selecting a theoretical framework for the of training programs. *Journal of European Industrial Training*, Londres, v. 34, n. 7, p. 631-655, 2010.

TAYLOR, F. W. *The principles of scientific management*. Nova York: Harper & Row, 1911.

TENNANT, C.; BOONKRONG, M.; ROBERTS, P. A. B. The design of a training programme measurement model. *Journal of European Industrial Training*, Londres, v. 26, n. 5, p. 230-40, 2002.

TRACY, Diane. *10 passos para o* empowerment. 3. ed. Trad. Midori Yamamoto. Rev. técnica Pedro Zanni. Rio de Janeiro: Campus, 1994.

UNESCO. *Relatório Edgar Faure*. Edição publicada pelo escritório da Unesco no Brasil, 2000.

VERGARA, Sylvia C. *Gestão de pessoas*. São Paulo: Atlas, 2013.

WEIL, P. *Organização e tecnologias para o terceiro milênio*: a nova cultura organizacional holística. Rio de Janeiro: Rosa dos Ventos, 1997.

WELCH, Jack. *Paixão por vencer*. Rio de Janeiro: Elsevier, 2005.

WERHMULLER, C. M., SILVEIRA, I. F. A aprendizagem informal dentro das redes sociais. *Anais do Encontro de Produção Discente PUCSP/ Cruzeiro do Sul*, São Paulo, v. 1. n. 1, p. 1-12, dez. 2012. Disponível em: <http://revistapos.cruzeirodosul.edu.br/index.php/epd/issue/view/24/showtoc>. Acesso em: 10 jul. 2014.

WERNECK, H. *O profissional do século XXI*. Rio de Janeiro: Record, 2003.

WICK, Calhoun; POLLOCK, Roy e JEFFERSON, Andrew. *6Ds*: as seis disciplinas que transformaram educação em resultados para o negócio. São Paulo: Évora, 2011.

ZARIFIAN, P. *Objectif compétence*. Paris: Liaisons, 1999.

Os autores

Paulette Albéris Alves de Melo

Ph.D em administração pela Florida Christian University, é mestre em administração pela Universidade Municipal de São Caetano do Sul (USCS), e tem MBA em gestão empresarial pela Fundação Getulio Vragas (FGV). É professora convidada do FGV Management e do CEO FGV, e professora premiada nos últimos quatro anos consecutivos como destaque em gestão de pessoas nos MBAs da FGV. É também consultora em gestão de pessoas, liderança e *coaching* executivo com foco em alta gerência.

Alexandre Vinicius da Silva Pereira

Doutor em ciências, mestre em psicologia, especialista em liderança e graduado em psicologia, pela Faculdade de Filosofia, Ciências e Letras de Ribeirão Preto da Universidade de São Paulo (USP), é consultor de empresas e *coach* membro da International Coaching Community, atuando no desenvolvimento de lideranças e formação de equipes de alta performance. É professor convidado do FGV Management.

Anderson Henrique Rodrigues Oliveira

Mestre em administração de empresas, com MBA internacional em gestão empresarial e engenheiro mecânico, é professor convidado do FGV Management, conduzindo disciplinas relacionadas à estratégia empresarial e gestão de pessoas, e produzindo projetos de consultoria voltados à gestão estratégica de pessoas em organizações dos mais diversos segmentos.

Beatrice Boechat D'Elia

Master in comunicazione e organizzazione pela Università La Sapienza, é mestre em comunicação pela Universidade Federal do Rio de Janeiro (UFRJ), e tem MBA em gestão de pessoas pela Fundação Getulio Vargas (FGV). Jornalista e publicitária pela Pontifícia Universidade Católica do Rio de Janeiro (PUC-Rio), atua como consultora em projetos de gestão estratégica de pessoas e comunicação, em empresas nacionais e multinacionais. É também professora convidada do FGV Management.